グラフィック経営学ライブラリ ⑪

グラフィック
グローバル・ビジネス

井上真里 編著

大石芳裕・原田　将・井上善美・

古川裕康・唐沢龍也・原木英一 著

新世社

編者のことば

　社会においては，自治体，企業，その他の組織体が中心となって動いており，多くの人々がこれらに関わり，その生活は成り立っている。これらの組織体の運営を効率的・効果的に行うための考え方・原理を究明する学問が経営学であり，いわゆる社会科学の一分野となる。経営学の主な対象は企業だが，それと関わる人々も対象となっている。最近では経済学も行動経済学など類似領域が登場して来ているが，経営学の方が扱う範囲に多様性があり，かつ実践的だと言えよう。

　経営学のより具体的な内容としては，企業などが事業の継続に必要な，人，モノ，カネ，情報などの経営資源をうまく配分し，製品やサービスなどを生み出し，それを市場において対価と交換して，再び経営資源に変えることにより，永続しようとするための考え方が中心である。

　なぜ経営学を学ぶかというと，混沌とした状態を解明し，その構造を明らかにし，どう対応すれば良いかの方針を指し示してくれることが多いからだ。卑近な例えでは，料理をするにしてもどうすれば美味しくなるかには一定の知識が必要である。つまり，過去の料理の歴史やどのように料理を作れば美味しくなるかの理論がいる。そして料理を食べる人々の好みを知る必要がある。費用がいくらかかるかを整理する必要もあるなどだ。そしてこれらをうまく組み合わせることにより，食べる人の喜ぶ美味しい料理を，想定内のコストや時間で作り出すことができる。料理と同様に経営にも多様な領域がある。企業などを対象として，これらの領域をミックスして組織体を管理・運営するものだ。何も知らずに管理・運営に関わっていくことは可能だが難しい。経営学の基本を学べば正しい判断を時間効率よく行える可能性が高まっていくのである。

　この「グラフィック経営学ライブラリ」の特徴は，わかりやすく，楽しく学べるが統一的な視点となっている。見開きページの左側に解説があり，右側に図，表が来ていて，直観的な理解を促進してくれる。解説を読み，理解する左脳と図表で直観的に把握する右脳，両方のサポートで理解を促す。ただし図表を多用し，理解しやすいテキストを書くのは執筆者にとって実は大変なのである。読者対象となる学生やビジネスマンなどの方々は，各執筆者と編者の努力の結実をしっかり楽しみ，かつ学んで頂ければ幸いである。

上田　隆穂

はしがき

　これはあくまで筆者の直感であるが，国境を越えて生産や販売を行っている企業のグローバル・ビジネスは5年もすると以前とはまったく様相が異なっている。市場で主導権を握る企業やその国籍がいつのまにか流転しているし，また産業ごとにその動向が少しずつ異なっている。

　また，スマートフォンの普及や電気自動車の台頭をみれば分かるように，各産業での「市場とは何か」という認識が根本的に変わってしまうのであるから，企業のトップ・マネジメントは以前よりもはるかに難しい環境下で意思決定を行わなければならない。本書は，そのような困難に直面している方々にとって問題解決のきっかけとなるように思いを込めて制作されている。もちろん，大学生をはじめとする初学者の方々にとっても示唆に富むであろう。

　本書は『グラフィック経営学ライブラリ』の一冊であるため，左ページに文章を示し，右ページに図表や写真を対応させるという視認性の高い記述で統一されている。それにより，現代の企業経営におけるグローバル・ビジネス研究の流れが読者へ文字どおり「グラフィックに（生き生きと）」伝わるであろう。また，それ以外にも本書の特徴として次の3点がある。

①考察対象を多国籍企業に限定していないこと。
②分析の順序が「マクロ」から「ミクロ」へ向かっていること。
③企業内における親会社と現地子会社間の関係（いわゆる親子関係）や企業間関係などに焦点を当てた構成になっていること。

　まず①について，日本はもちろん世界において企業の大半は中小企業である。とくに日本では企業全体のうち99.7%が中小企業であり，世界中で生産や販売を行っている巨大企業，すなわち多国籍企業はごく一握りでしかない。グローバル・ビジネスの典型事例やその理論は多国籍企業から導かれるとし

ても，その適用は中小企業を含めて考えなければグローバル・ビジネス研究の裾野が非常に狭くなる恐れがある。

続いて②について，企業におけるグローバル・ビジネスは各国・地域の政治体制や経済状況，文化・宗教・慣習といった，当該企業にとっての外部環境に大きく影響を受けるとともに，当該企業内の組織や戦略，取引企業や競合企業との企業間関係といった内部環境にも影響を受けている。企業を視点の中心とした場合，当該企業が容易にコントロールできない外部環境は「マクロな」要因であり，自社がコントロール可能な内部環境は「ミクロな」要因である。本書では，マクロとミクロとを分離して考えるのではなく両者のつながりを念頭に置き，マクロ（第1章から第4章まで）からミクロ（第5章から第11章まで）に向かって分析を展開する。

そして③について，企業の中でもとくに多国籍企業であれば本国に親会社（本社ともいう）を置き，また各国・地域に現地子会社（現地法人ともいう）を配置することで，いわゆる「親子関係」を形成している。その親子関係のあり方（親会社＞現地子会社，親会社＝現地子会社）が当該企業におけるグローバル・ビジネスの性質に大きな影響を与える。また，近年では現地子会社間の関係も重要な論点になっており，また供給企業（サプライヤーともいう）や流通企業（卸売企業や小売企業）と製造企業との国境を越えた企業間関係にも注目が集まっている。本書はこれらの視点を網羅した構成になっている。

上記のような特徴を追求した本書であるが，一方で追求できなかった点もあることをあらかじめ断っておかなければならない。たとえば，本書ではグローバル・ビジネスを標榜しておきながら，多国籍企業の親子間あるいは現地子会社間における国際財務管理や異文化コミュニケーション（使用言語の問題），人的資源管理（Human Resource Management）などの重要な分野をあえて取り扱っていない。当該分野での論考を期待している読者には大変申し訳ないが，この点についてはあらかじめお詫びしておきたい。

また，本書は大石芳裕先生（明治大学経営学部教授）とその門下6名が協力して制作している。大石先生は，日本におけるグローバル・マーケティング研究の第一人者であり，3,000名を超える入会者を擁する「グローバル・マーケティング研究会（通称，グマ研）」を主宰している。大石先生は，国際

政治や国際経済，地球環境問題といったマクロな領域にも精通していることから，本書では第3章「世界経済とグローバル・ビジネス」を担当している。

筆者を除く大石門下の5名についても紹介しよう。原田将先生（明治大学経営学部教授）は「グローバル・ブランドのマネジメント」を専門としており，当該領域で顕著な業績が数多くある。とくに，多国籍企業がグローバル・ブランドを構築・維持・向上させる際に親子関係がどのようになっているのかを日々研究しており，その成果の一部が第6章「グローバル・ブランド・マネジメントにおける親会社－現地子会社関係」で示されている。

井上善美先生（淑徳大学経営学部教授）は，かつて関係性マーケティング（relationship marketing）を研究しており，とくにBtoB（Business to Business）での企業間関係をベースとした分析を行っていたことから，本書では第8章「グローバルな企業間関係の構築」を担当している。また，近年は筆者（井上真里）と共同で越境EC（Electronic Commerce：電子商取引）の研究にも取り組んでいることから，第9章「情報化とグローバル・ビジネス」も担当している。

古川裕康先生（日本大学経済学部准教授）は，ブランド・イメージに関する研究で八面六臂の活躍をみせており，日本における今後のブランド・マネジメント研究の一翼を担うと期待されている。消費者におけるブランド・イメージの形成とその土台となる「外部環境としての文化」は密接な関係にある。そこで，古川先生は第4章「文化とグローバル・ビジネス」を担当している。

唐沢龍也先生（関東学院大学経営学部准教授）は，長らくの広告会社勤務を経て同大学に着任し，グローバル・プロモーションの研究で優れた著書と数々の受賞歴がある。その実務経験と豊富な知見を活かして第7章「グローバル・プロモーションにおける親会社－現地子会社関係」を担当している。

原木英一先生（豊橋創造大学経営学部専任講師）は，主に開発途上国のBOP（The Base of The Pyramid：いわゆる貧困層）市場について長年研究しており，インドやアフリカでのフィールドワークを行うなどの現場に基づいたデータ収集に定評がある。本書では，その成果の一部を披露する形で第10章「開

発途上国市場とグローバル・ビジネス」を担当している。

　最後に，本書の執筆について最初にお声掛けいただいた学習院大学経済学部の上田隆穂先生には心より御礼申し上げる。また，本書の出版元である株式会社新世社編集部の御園生晴彦氏と谷口雅彦氏には企画立案時や執筆時に多大なるご迷惑をお掛けしたが，本書の完成まで温かく見守っていただいたことに深い感謝の意を表したい。そして，講義や自らの執筆などで多忙にもかかわらず家事を引き受けてくれた妻の井上善美にも御礼を申し上げる。

　2020 年 6 月

井上　真里

目　次

第 1 章

対外直接投資と
グローバル・ビジネス

1.1 グローバル・ビジネスの考察対象

　近年，グローバル・ビジネスという用語は研究や実務のみならず社会一般でもよく用いられるようになっているが，その使い方は用いる者が「ある企業におけるグローバル・ビジネスの何を本質と認識するか」によってさまざまであるといえる。ある者は「当該企業が各国・地域の税制を考慮して法人税率の低い国・地域にその資本を移動させる」といった国際財務の視点を重視することもあろうし，またある者は「当該企業がその組織内で用いられる言語を世界的に共通化する」といった異文化コミュニケーションの視点を重視することもあろう。本書では，グローバル・ビジネスを「ある企業が国境を越えて対外直接投資を行い，調達や生産，販売，R&D，プロモーション，アフターサービス，金融などを担うこと」と定義する。ただし，当該企業の諸活動がどの程度国境を越えているかによって，一言でグローバル・ビジネスといってもその性質が異なる。そのことを，大石（2008）の分析枠組みを用いて次のように説明する（**図表1-1-1 参照**）。

　ある企業がその生産をほとんど国内で行う場合，他国で販売拠点を設立し，製品の直接輸出と当該市場での販売を自前で行うのがグローバル化への第一歩である。これは，大石のいう「**海外マーケティング**」段階である。もちろん，その前段階には「国内販売のみ（国内マーケティング）」や「商社などを通じた間接輸出」，「自社による直接輸出と現地の輸入代理店を通じた販売（輸出マーケティング）」が含まれるものの，自社がより責任とリスクを負って意思決定するという点で自前での現地販売はとくに重要性が高いといえる。

　当該国政府の諸政策によって起こる関税率の増大や為替の不安定化，非関税障壁による流通阻害などが問題になると，企業は一般に**生産拠点**（すなわち工場）を現地に設立してそれらの諸問題を克服しようとする傾向がある。また，それにより当該企業は各市場での直接的な統制をますます強めようとする。企業によっては，販売後のアフターサービスなどを行うための**サービス拠点**や割賦での購買を促すための**金融拠点**，現地市場に根差した技術やデザインを開発するための**R&D拠点**などを当該国・地域へ追加的に設立する

■図表 1-1-1　企業における国際関与の諸段階

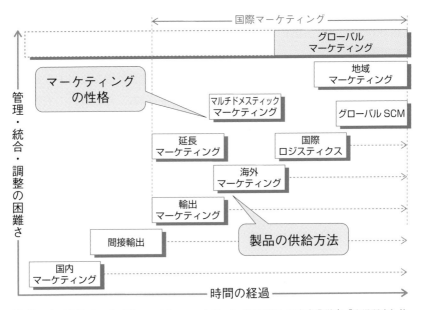

（出所）　大石芳裕（2008）「グローバル・マーケティングの展望」日本商業学会『流通研究』第
　11巻第2号，41頁。

こともある。

　上記のように，現代のグローバル・ビジネスでは，ただ「国境を越えてビジネスを行うだけ」といった平面的な捉え方よりも深みのある捉え方が求められている。また，グローバル・ビジネスの担い手としては生産拠点や販売拠点などを世界中に配置している多国籍企業が典型的であるが，企業規模が多国籍企業ほど大きくない中小企業であっても国内からの製品輸出によって世界市場シェアがきわめて高いところがあることから，本章では（本書全体でも）中小企業を含めてグローバル・ビジネスを考察する。

1.2　企業の対外直接投資動機に関する諸理論

　ここでは，企業が「なぜ国境を越えて対外直接投資を行うのか」を論じるが，まず対外直接投資を含む対外投資とは何かを説明する。次に，これまで蓄積されてきた大きく 7 つの理論（利子率格差理論，寡占的優位論，国内市場狭隘化論，企業特殊的優位理論，プロダクト・サイクル理論，寡占反応理論，雁行形態論）について述べる。なお，企業の対外直接投資動機を説明する上で重要な理論の一つとして内部化理論（internalization theory）もあるが，本章では煩雑さを避けるためそれについては *Column* 1.2 で示している。

1.2.1　対外投資の分類

　ハイマー（Hymer, S.）は，図表 1-2-1 のように国境を越えた投資を「対外間接投資」と「対外直接投資」に区分した。対外間接投資は証券投資とも呼ばれ，その投資家は株式や公社債の売買，為替取引，デリバティブのような信用取引によるキャピタル・ゲイン（値上がり益）の獲得を目的としている。そのため，その投資は企業経営に直接関与するものではなく，また投資期間は対外直接投資と比べて短期間である。

　一方，対外直接投資は国外での永続的な事業活動を目的として国外企業の株式を保有したり，当該国で販売拠点や生産拠点（すなわち工場），金融拠点，サービス拠点，R&D 拠点などを設立したりするため，対外間接投資と比べ

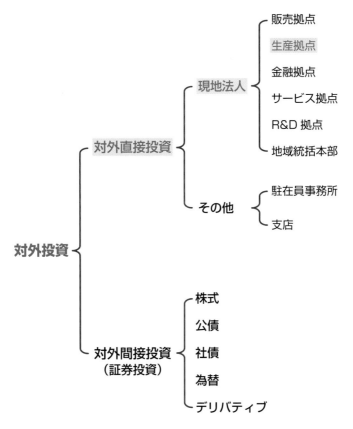

（出所）　Hymer, S.（1960）, *The International Operations of National Firms: A Study of Direct Foreign Investment*, Ph.D Dissertation, The MIT Press を参考に筆者作成。

て投資額がはるかに大きく，また投資期間もより長期的である。

　ハイマーは，対外直接投資を積極的に行う企業の方が対外間接投資を中心とする企業よりも産業政策上の重要性が高いとして，前者こそまさに多国籍企業と呼ぶにふさわしいと述べた。

1.2.2　利子率格差理論

　マクドゥガル（MacDougall, G. D. A.）によると，対外直接投資とは資本が豊富な国（資本豊富国）から資本が不足している国（資本不足国）への資本移動である。資本ストックを追加的に 1 単位投入したときに増大する生産物の量を「資本の限界生産力（marginal product of capital）」というが，資本豊富国では資本不足国と比較して資本の限界生産力が低くなる傾向にある。生産性が高まるとコスト削減が容易になるため，企業はより高い収益を追求してその資本を資本豊富国から資本不足国へ移動させる。

　また，経済学者のマーシャル（Marshall, A.）に基づくと，資本の限界生産力は利子率に等しく，資本豊富国は低利子率で資本不足国は高利子率であるため，マクドゥガルの考え方と照らし合わせれば企業は国家間における利子率の格差で対外直接投資の意思決定を行うとされる（*Column* 1.3 参照）。

1.2.3　寡占的優位理論

　いわゆる寡占的優位理論は 1960 年にハイマーによって提唱されたものであるが，寡占とは 1 つの市場で少数の巨大企業が生産量や価格決定で支配的な地位を占めていることである。寡占的優位理論が広く認知されるきっかけになったのは，1973 年公刊の著書である *The International Operations of National Firms* であるが，その原型は 1960 年の博士論文である。

　ハイマーは，米国における 1950 年代当時の対外直接投資統計を網羅的に整理し，それによって石油産業や自動車産業，化学産業といった少数の巨大企業が支配する産業で多額の対外直接投資が行われていた事実を発見した。そこでハイマーは，寡占産業における対外直接投資の金額が多いことを「企業の寡占的優位性」によって説明しようとした。

Column 1.2 ● 内部化理論

「なぜ企業は対外直接投資を行うのか」という根本的な問題提起に対して，ハイマーやバーノンといった多国籍企業研究者は「企業が国境を越えるには何らかの優位性が必要」と仮定したが，一方でカソン（Casson, M.）やバックレイ（Buckley, P. J.），ラグマン（Rugman, A. M.），ダニング（Dunning, J.）といった一部の多国籍企業研究者は，企業が国境を越えるのに優位性は必ずしも重要でないという「内部化理論」を提唱した。

この理論は，コース（Coase, R. H.）やウィリアムソン（Williamson, O. E.）が依拠する「取引コスト（transaction cost）」を論理的基盤としている。とくにコースは「なぜ企業が存在するのか」という問いを発し，その解を「ある企業において取引が存在するとき，その企業が市場を介してその取引を行うか，あるいは当該企業の内部で行うか」という選択問題で導出しようとした。より具体的にいうと，市場での取引と同様の企業内取引とを比較した場合，より低コストの取引形態が選択されるということである。

コースいわく，実際の市場は何らかの欠陥を有している（すなわち「市場の失敗」がある）ために取引コスト（たとえば「価格決定や契約作成の際に発生する追加的なコスト」や「取引相手探索や契約履行確実化のために発生するコスト」など）が存在しており，それがさらに増大する状況下だと企業は市場を介さずに企業内部で取引を行おうとする。すなわち，取引相手である企業を内部化（すなわち買収）する方が有利になるということである。

内部化論者は，企業における対外直接投資の動機を優位性以外で説明するために取引コスト理論を敷衍し，国外の取引相手であっても取引コストが増大する恐れがあれば買収して自前で所有するとした。確かに，この論理であれば当該企業の内部に何ら優位性がないとしても，トップ・マネジメントが「取引コストを削減するために買収したい」と思うだけで対外直接投資が成立する。しかし，1980年代以降に戦略提携（strategic alliance）が企業間で活発に行われるようになってから，内部化理論はその説明力を急速に失っていった。なぜなら，戦略提携には「それぞれの企業が必要とする経営資源を，必要とするときだけ互いに融通する」という柔軟性があり，買収のような硬直的な手段の方がむしろ非合理的であるためである。

1.2.4　国内市場狭隘化論

　国内の人口がそれほど多くない国や人口が多くても1人当たりの所得がそれほど高くない国，経済成長が鈍化した国などにおいて国内市場は狭隘であり，当該国の企業は国内市場よりも国外市場に企業成長の活路を見いだすことがある。たとえば，北欧諸国の多国籍企業（スウェーデンのIKEAやフィンランドのNOKIAなど）や韓国の多国籍企業（サムスン電子やLG電子）は自国の人口が相対的に少なく（北欧諸国は1,000万人弱，韓国は約5,000万人），その生産量と比べて自国市場の規模が十分でないため，国内よりも人口が多くて今後のさらなる経済成長が期待できるような国外市場へ積極的に対外直接投資を行っている。なお，このような企業は専門的に「間違った場所に生まれた企業」と呼ばれている。

　ハイマーの寡占的優位理論とは異なり，このような考え方ならば中小企業でも経営資源が十分であればそれを国外に移動させることによって多国籍化することが可能である。

1.2.5　企業特殊的優位理論

　ハイマーは，企業における対外直接投資の動機について上記の寡占的優位性とは別の要因についてもキンドルバーガー（Kindleberger, C. P.）とともに研究しており，それを企業特殊的優位理論という。かれらによると，企業が対外直接投資を行う要因の一つとしては当該企業が企業特殊的優位，すなわち各国での規制や為替リスクといった不利な条件を克服できるような独自の優位性（たとえば，特許化された技術を有していることや低コストで部品や原材料を調達できることなど）を有していることが挙げられる。企業特殊的優位論はハイマー＝キンドルバーガー理論（H=K理論）と呼ばれることもある。

1.2.6　プロダクト・サイクル理論

　プロダクト・サイクル理論（PC理論）とは，バーノン（Vernon, R.）が提唱した個別の製品に関する国際的市場導入の動態的理論である（図表1-2-2参照）。バーノンは，製品が人間や動物と同様に市場導入から成長を経て成熟し，やがては衰退するというライフサイクルを有することに注目し，多国籍

Column 1.3 ● マーシャルの限界生産力と利子率について

> マーシャルは，1885 年公刊の *Theories and Facts about Wages* の中で「資本の
> 増加は，労働生産性を高めるから，賃金を上昇させる。それが，労働の助けを
> 求めて，資本家の競争を激化させ，従って利子率を引き下げ」る，と述べてい
> る。このようなマーシャルの主張に対しては批判も多くあるが，限界生産力と
> 利子率との関係に言及したこと自体が近代経済学の発展において非常に重要な
> ことであった。

■図表 1-2-2　バーノンのプロダクト・サイクル理論

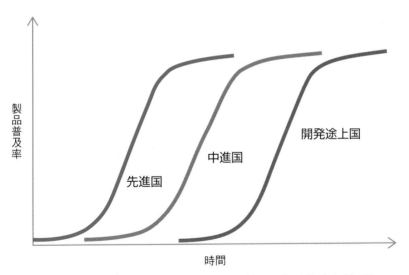

（出所）　Vernon, R.（1966）,"International Investment and International Trade in The The
　　　Product Cycle,"*Quarterly Journal of Economics*, Vol.80, No.2 (May), p.199.

企業における国際分業のパターンがそれらの諸局面を通じていかに変化するかを論じた。当該製品の市場導入前にはR&Dが必要不可欠であり，またそれには膨大な開発費用がかかるため，当該製品は資本が豊富でとくに技術力で優れた米国で生み出され，主に自国で販売・消費される。

　当該製品が米国である程度普及すると，次は欧州や日本などの中進国に輸出することでその製品は差別性を持続させることができる。また，中進国でも当該製品が普及した後は開発途上国に輸出することでさらに長く差別性を持続させることができる。そして，開発途上国でも普及したならば当該国に生産拠点を設立して大量生産を行い，コモディティとして本国に逆輸入したり他の先進国や中進国に輸出したりする。それによって，当該企業はその製品を低価格かつ低コストで市場導入することができ，利益率が高まる。

1.2.7　寡占反応理論

　ニッカーバッカー（Knickerbocker, F. T.）は，「少数の巨大企業で形成される産業内において，自らも競合企業と同様の行動を行うことによって対抗しようとする相互依存的な企業行動」を寡占反応と呼び，それについて「ある企業が先行投資する企業に遅れたとき，もしその先行する企業が成功するならば遅れた企業は国際競争上取り返しのつかない戦略的失敗をしたことになる。それならば先行投資した企業に従い，同様の対外直接投資を行えば少なくともこのような競争上の不利を経験することはない」と述べた。

　企業による対外直接投資の動機が，寡占によって当該市場を支配しているからでも企業特殊的優位性を有しているからでもなく，また自社にとって有利な対外直接投資の環境（利子率や市場規模・成長率）が国内外にあるからでもない。「競合他社が対外直接投資を行うならば自社も行う」という一見すると消極的な動機ではあるが，対外直接投資に遅れた企業は国外市場にアクセスする機会を得るとともに，先行した企業の優位性を打ち消すことができる可能性があるという点で重要な考え方の一つである。

1.2.8　雁行形態論

　図表1-2-3と図表1-2-4で示されている，いわゆる「雁行形態論（あるい

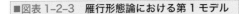

■図表 1-2-3　雁行形態論における第 1 モデル

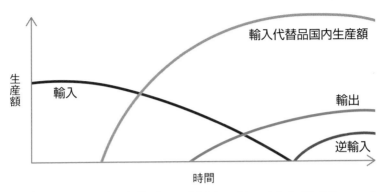

（出所）　Akamatsu, K.（1961）,"A Theory of Unbalanced Growth in the World Economy."
　　　　Weltwirtschaftliches Archiv, Band 86, Heft 2, p.12.

■図表 1-2-4　隣接する産業での雁行形態モデルの違い

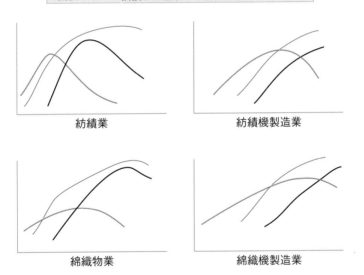

（注）　1.　時期は 1870 年から第二次大戦まで。
　　　　2.　灰色の実線は輸入，黒い実線は輸出，青い実線は生産を示す。
　　　　3.　縦軸は付加価値を表す。
（出所）　Akamatsu, K.（1961）,"A Theory of Unbalanced Growth in the World Economy."
　　　　Weltwirtschaftliches Archiv, Band 86, Heft 2, p.12.

は雁行型経済発展論，Flying Geese Model)」は，1935 年に赤松要（Akamatsu, K.）が経済発展の一般理論として提唱し，赤松門下の小島清が後にそれを精緻化させたものである。1950 年代後半から日本が高度経済成長に入り，驚異的な経済発展を遂げていく中で雁行形態論がクローズアップされるようになった。

　赤松は，中国や東南アジア諸国が後発国として先進国の日本に追いつこうとする発展プロセスを仮定した。各国における産業発展のプロセスをみると，一般的にまず低付加価値の消費財が輸入され，次に輸入代替生産が行われるようになり，最終的には輸出が行われる。このような産業の発展プロセスは雁行形態論の「第 1 モデル」であり，基本型である。また，赤松は同じ産業内でもその生産段階によって雁行形態にやや違いがあることについても説明している（図表 1-2-4 参照）。なお，後に小島は基本型を「生産の能率化」と位置づけ，副次型として「生産の多様化・高度化」を提唱している。

　そして，小島による「第 2 モデル」ではある産業における趨勢の変化と生産拠点の国外移転に関する理論化が指向されている（図表 1-2-5 参照）。先進国は，第 1 モデルの副次型（生産の多様化・高度化）を経て資本集約的産業を比較優位化させようとする。比較劣位となった労働集約的産業では，その生産拠点を当該企業の対外直接投資によって後発国へ移転させざるを得ないものの，これによって後発国の経済発展が起こる（直接投資前線の拡延）。

　赤松および小島の雁行形態論は，日本を先頭としてアジア全体が経済発展することにより当該地域の産業および企業がさらに成長し，ひいては欧米勢力から経済的に自由になることを意図したものであると考えられている。とくに，小島は 1968 年に太平洋貿易開発会議（Pacific Trade and Development Conference：PAFTAD）の設立を主導し，赤松の薫陶を実現するために尽力した（*Column* 1.4 参照）。

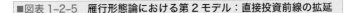

■図表 1-2-5　雁行形態論における第 2 モデル：直接投資前線の拡延

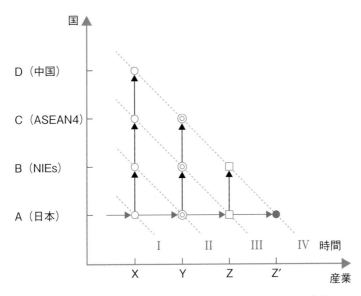

(注)　横軸は産業の移り変わりを表し，縦軸は生産拠点の移り変わりを表す。
(出所)　小島清（2003）『雁行形態型経済発展論 第 1 巻』文眞堂，214 頁。

Column 1.4 ● 太平洋貿易開発会議

　太平洋貿易開発会議（PAFTAD）は，貿易を通じて加盟諸国の経済開発を促し，環太平洋諸国の経済統合を目的とした学会である。ほぼ毎年 1 回開催されている。

　1965 年に小島清が日経センター主催の国際会議において太平洋経済圏構想を発表した後，環太平洋の先進国 5 か国（日本，米国，カナダ，オーストラリア，ニュージーランド）の研究者やエコノミストによって発足した。

　最近では東南アジア諸国やラテンアメリカ諸国，中国，国際機関からも参加が相次いでおり，これらの地域における重要問題を検討し，環太平洋地域における経済の調査・分析することにより，政府や実務家，研究者が当該地域の開発を行う際に有益な情報を提供しようとしている。

1.3 まとめ

　本章では，企業における対外直接投資の動機について，これまでに蓄積されてきた諸理論がどのような系譜を経て発展してきたのかを示した。企業がリスクを厭わずに対外直接投資を行おうとする要因をどれか1つに収斂できるものではない。いかなる産業においても，またいかなる時代に焦点を合わせても，複数の要因が企業における対外直接投資の意思決定へ多面的に影響を与えていると考えるのが自然である。ただし，産業や時代によっては特定の要因が他の要因よりも大きな影響を与えている可能性はある。

　次章では，近年における企業の対外直接投資状況について各種統計を用いて説明する。また**第3章**では個別企業の対外直接投資や産業組織の動向が各国の政治や経済，また地域経済圏や国際的なレジーム（社会体制）によっていかなる影響を受けるのかという点について論じる。

第 2 章

グローバル・ビジネスの系譜と現在

2.1 日米欧企業における多国籍化の系譜

第1章で述べたように，ある企業が販売拠点や生産拠点などの設立を目的として，国外に中長期的な投資を行うことを対外直接投資と呼ぶが，当該企業が対外直接投資を行う動機は置かれている状況によってさまざまである。また，一言で対外直接投資といっても米国企業の場合と欧州企業の場合ではその系譜が異なるし，また日本企業においては米国企業・欧州企業のどちらとも異なっている。

そこで，本章では日米欧企業における対外直接投資を通じた多国籍化を視軸として，グローバル・ビジネスが第二次世界大戦後から現在に至るまでにいかなる系譜を辿ったのかを説明する。

2.1.1 米国企業の多国籍化

1951 年に欧州において「欧州石炭鉄鋼共同体設立条約」が調印され，ECSC（European Coal and Steel Community：欧州石炭鉄鋼共同体）が設立された。ECSC は，天然資源の争奪に端を発する第二次世界大戦の惨劇を繰り返さないことを主な目的とし，また「瀕死状態」と形容された経済的難局を乗り切り，経済的あるいは軍事的に世界に大きな影響を与える米国やソビエト連邦（当時）に対抗する経済力を域内の国々が持つことを意図したものであった。

さらに 1956 年には，関税同盟（域内での関税をゼロにする協定）の設立を主目的とする EEC（European Economic community：欧州経済共同体）と原子力エネルギーの平和利用促進を目的とする EURATOM（European Atomic Energy Community：欧州原子力共同体）の設立が ECSC 加盟国間で議論され，そこで欧州経済共同体設立条約（いわゆるローマ条約）の制定が決まった。そして，1957 年にはそのローマ条約が調印され，翌年の 1958 年にいわゆる「小欧州」と呼ばれるフランス，西ドイツ，イタリア，ベルギー，オランダおよびルクセンブルクを構成国として施行された。なお，図表 2-1-1 では EEC の発足から近年の拡大 EU に至る地域経済圏発展の流れを示している。

■図表 2-1-1　欧州における地域経済圏の変遷

欧州における EEC の発足から近年の拡大 EU に至るまでの変遷は以下のとおりである。

【1958 年　EEC 〜 1967 年　EC 発足時】
フランス，西ドイツ，イタリア，ベルギー，オランダ，ルクセンブルク

【1973 年　第 1 次拡大　EC】
＋英国，アイルランド，デンマーク

【1981 年　第 2 次拡大　EC】
＋ギリシャ

【1986 年　第 3 次拡大　EC】
＋スペイン，ポルトガル

【1995 年　第 1 次拡大　EU（西ドイツは 1990 年にドイツへ変更）】
＋オーストリア，スウェーデン，フィンランド

【2004 年　第 2 次拡大　EU】
＋エストニア，ラトビア，リトアニア，ポーランド，チェコ，
　スロバキア，ハンガリー，マルタ，キプロス

【2007 年　第 3 次拡大　EU】
＋ルーマニア，ブルガリア，スロベニア

【2013 年　第 4 次拡大　EU】
＋クロアチア

（出所）　筆者作成。

とくに，EECの設立は欧州で製品の販売を行う米国企業に甚大な影響を与えた。当時，多くの米国企業は本国で当該製品の生産を行い，欧州に輸出していた（図表2-1-2参照）。EECの登場により，その域内企業は無関税あるいは低関税で製品を流通させることができるにもかかわらず，米国企業はその製品を輸出する際に一定の関税がかかるため価格競争力が低下することになる。米国企業は，輸出を続ける限り価格劣位を甘受しなければならない状況に立たされたことから，「輸出を極力控えてEEC域内で生産を行う」方策を模索することになった。それがまさにEECへの対外直接投資である。

米国企業がEEC域内に生産拠点を設立し，輸出を代替する形で継続的に生産すれば関税を回避することができる（図表2-1-3参照）。生産拠点を設立するための用地取得や工場の建設，生産設備の配備，現地従業員の雇用などで莫大なコストがかかるものの，容易に撤退しないことを前提とすれば米国から輸出して関税が加わり続けるよりも長い目で見ればプラスになるということである。

コカ・コーラ社やP&Gなど，一部の米国企業は戦前から対外直接投資を積極的に行っていたが，EEC発足以後に関税を回避しようとする米国企業が増加した結果，より多くの米国企業がEEC内に生産拠点を配置し，当該企業の多国籍化が推進されたと考えられている。セルバン＝シュレベール（Servan-Schreiber, J. J.）はこのような現象を「アメリカの挑戦（Le defi Americain）」と呼んでいる。

2.1.2 欧州における多国籍化

EECやその後のECによる関税同盟の恩恵を受け，1970年代における域内の欧州企業は米国多国籍企業と伍することができるような競争力を有するようになった。セルバン＝シュレベールは，そのような現象をアメリカの挑戦の次段階として「世界の挑戦（Le defi Mondial）」と呼んだ。つまり，多くの欧州企業が米国に生産拠点を配置し，現地生産・現地販売や第三国輸出を行うようになったということである。なお，この時点においてセルバン＝シュレベールのいう世界とは基本的に米国と欧州の二極体制を指しているが，当時台頭しつつあった日本も新たなプレーヤーとして捉えている。

■図表 2-1-2　EEC 成立以前における米国企業の欧州市場対応

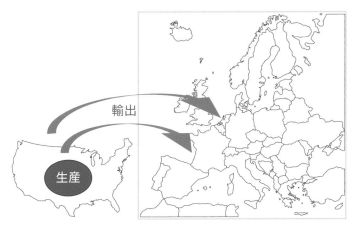

（出所）　筆者作成。

■図表 2-1-3　EEC 成立以後における米国企業の欧州市場対応

（出所）　筆者作成。

パクス・アメリカーナ（米国による経済的・軍事的平和）を享受する巨大な米国市場は当時の欧州企業にとって非常に魅力があり，当該企業はより大きな成長機会を求めて対米直接投資を行うようになった。それにより，世界の経済的な覇権（ヘゲモニーともいう）は米国多国籍企業と欧州多国籍企業との間で拮抗することになる。

2.1.3 日本における多国籍化

戦後，ブレトンウッズ体制（米ドルを基軸通貨として，各国通貨との間に固定相場制を敷く体制。さらなる詳細は**第3章**参照）下における対ドル固定相場（1ドル＝360円）の恩恵を受け，日本から米国への輸出は大幅に伸びた。自国通貨の価値が相手国通貨と比べて低ければ輸出が有利になり（円とドルとの関係では円安・ドル高），その逆であれば輸入が有利になる（円高・ドル安）。その一方で，自国通貨の価値が相対的に低ければ対外直接投資は不利になり，その逆であれば対外直接投資は有利になる。関税や非関税障壁，輸送にかかるコスト，各国・地域での税制を脇に置いて単に為替だけを考慮すると，貿易（輸出入）と対外直接投資との関係は基本的にトレードオフであるといえる。

ただし，当時は日本企業よりも現地における輸入業者や流通企業（卸売企業や小売企業）の交渉力の方が強かったため，日本企業はOEM（Original Equipment Manufacturing：相手先ブランドによる生産）での対米輸出が中心であった。また，当時の日本企業は米国企業と比べて米国内での流通支配力が乏しかったため，生産拠点はもとより販売拠点さえ自前で構築することが困難であるといわざるを得なかった。

図表2-1-4のように，1971年に米国で起こった**ニクソンショック**による金本位制の崩壊と，それにともなう固定為替相場制から変動為替相場制への移行により，対ドルでの円相場は徐々に円高へと向かったが，1973年の**第1次オイルショック**と1979年の**第2次オイルショック**により，日本を含む主要先進諸国はとくに深刻なエネルギー危機に直面した。日本企業は第1次オイルショックで痛手を被ったものの，二の轍を踏まぬよう省エネルギー技術の開発に尽力し，第2次オイルショックでは他国と比べて影響が少なかったといわれている。

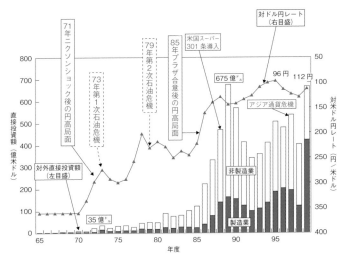

■図表 2-1-4　日本における対外直接投資額と為替レートの推移

(注)　対米ドル円レート：東京インターバンク市場，直物中心相場期中平均。
　　　1996 年度以降の対外直接投資額は，期中平均レートで通商産業省（当時）が米ドルに換算。
（資料出典）　大蔵省『2000（平成 12）年度対外直接投資届出・報告実績』
（出所）　経済産業省ウェブページ，
　　　https://www.meti.go.jp/statistics/tyo/kaigaizi/result/result_8/h2c405bj.html（2019 年 10 月
　　　1 日アクセス）。

Column 2.1 ● ホンダの CVCC エンジン

　とくによく知られている技術としては，本田技研工業（以下ではホンダと略記）の
CVCC （Compound Vortex Controlled Combustion）エンジンが挙げられる。Compound
は「複合・複式」を表し，主燃焼室と副燃焼室という 2 つの燃焼室があるエンジン機
構である。Vortex は「渦流」を表し，副燃焼室で燃焼させた火炎を主燃焼室に噴出さ
せると，主燃焼室内に渦流が起こり，エンジンの燃焼速度が早まる。そして Controlled
Combustion は「調速燃焼」を表し，燃焼速度を適正にコントロールするということで
ある。
　CVCC エンジンは，後処理（エアポンプや触媒など）をせずに当時の米国でもっと
も厳しい排気ガス規制であるマスキー法（Muskie Act）を世界で初めてクリアした。
リーンバーン化の萌芽ともいえる CVCC エンジンを搭載したシビックが市場でも高い
評価を受けたことを一端として，日本企業とその製品に対する世界の見方が「安かろ
う悪かろう」から「コストパフォーマンス（費用対効果）が高い」へ次第に変化し，
国際競争力が大きく向上したといわれている。

日本製品の国際競争力向上（*Column* 2.1 参照）は日米間の貿易摩擦をさらに拡大させ，米国は日本に対して輸出の数値目標設定（実質的な輸出制限）や関税引き上げ圧力，内需拡大要求などで是正を迫った。それでも日本の貿易黒字が減少しないことを問題視した米国は，1985 年のいわゆる「プラザ合意」において米ドル・円相場を 1 ドル＝150 円へ急激に切り上げた。それにより日本企業は対米輸出競争力を大幅に削がれたものの，円高であれば輸出よりも対外直接投資の方が有利であることをうまく活かし，主に米国への生産拠点や販売拠点の設立を加速させていった。バブル経済の台頭とともに日本企業の多国籍化が本格的になったのはこのころである。

　1980 年代後半は，対米直接投資によって日本企業の多国籍化が進展したものの，1991 年のバブル経済崩壊によってその傾向は鈍化した。多くの日本企業では国内事業立て直しのため，それまで築いてきた国外の生産・販売拠点を撤退・縮小させたが，次の一手として白羽の矢を立てたのは社会主義体制でありながら市場経済を導入しようとする中国と，これから経済発展を成し遂げようとする東南アジア諸国であった。中国も東南アジア諸国も税制上の優遇や通関業務での便宜を図ることにより，日本企業の対外直接投資を呼び込もうとした。

　図表 2-1-5 は，1990 年代半ばから現在までの日本における対外直接投資額の推移を示している。とくに 2004 年以降に対外直接投資額が大幅に増大しているが，この要因としてはこれまでのような為替や関税に対するリスク回避だけではない動機が挙げられる。たとえば，2011 年の武田薬品工業によるスイスの製薬企業大手ナイコメッド社買収（約 9,990 億円），2014 年のサントリーによる米国のビーム社買収（約 1 兆 6,500 億円），2016 年のアサヒビールによるベルギーのアンホイザーブッシュ・インベブ社（Anheuser-Busch InBev）における東欧事業の買収（約 1 兆円）は典型であるが，これらの企業は標的市場への関与を強化したり，被買収企業の技術やブランドを獲得したりするのを目的としたきわめて巨額の戦略的な対外直接投資を，為替上不利になる円安だとしても積極的に行っている。その結果，近年の日本において対外直接投資額が急増している（図表 2-1-6 参照）。

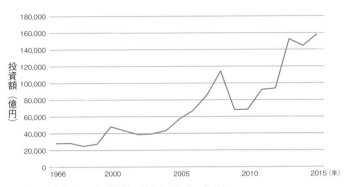

■図表 2-1-5　日本における対外直接投資額の推移

（出所）　財務省（2015）『対外・対内直接投資の推移』

■図表 2-1-6　世界における対外直接投資額上位 20 か国・地域の推移

順位	1990 年		2000 年		2010 年		2018 年	
1	米国	731,762	米国	2,694,014	米国	4,809,587	米国	6,474,690
2	ドイツ	308,736	英国	940,197	英国	1,686,260	オランダ	2,427,345
3	英国	229,307	ドイツ	483,946	ドイツ	1,364,565	中国	1,938,870
4	日本	201,441	カナダ	442,623	フランス	1,172,994	香港	1,870,112
5	フランス	119,860	香港	379,285	スイス	1,043,199	英国	1,696,529
6	オランダ	109,870	フランス	365,871	カナダ	998,466	日本	1,665,200
7	カナダ	84,807	オランダ	305,461	オランダ	968,105	ドイツ	1,645,415
8	スイス	66,087	日本	278,445	香港	943,938	フランス	1,507,821
9	イタリア	60,184	スイス	232,202	日本	831,076	カナダ	1,325,014
10	スウェーデン	50,720	ベルギー・ルクセンブルク	179,773	スペイン	653,236	スイス	1,263,443
11	ブラジル	41,044	イタリア	169,957	イタリア	491,208	シンガポール	1,021,124
12	ベルギー・ルクセンブルク	40,636	スペイン	129,194	シンガポール	466,129	アイルランド	912,166
13	オーストラリア	37,505	スウェーデン	123,618	オーストラリア	449,740	ベルギー	577,960
14	台湾	30,356	オーストラリア	92,508	スウェーデン	394,547	スペイン	562,931
15	スペイン	15,652	デンマーク	73,100	アイルランド	340,114	イタリア	548,835
16	南アフリカ共和国	15,010	台湾	66,655	ロシア	336,355	オーストラリア	490,986
17	アイルランド	14,942	シンガポール	56,755	ベルギー	328,660	韓国	387,591
18	香港	11,920	フィンランド	52,109	中国	317,211	スウェーデン	371,131
19	ノルウェー	10,884	ノルウェー	34,026	キプロス	197,454	ロシア	344,090
20	フィンランド	9,355	アイルランド	27,925	台湾	190,803	台湾	339,678
	（参考）世界計	2,254,903	（参考）世界計	7,408,782	（参考）世界計	20,310,855	（参考）世界計	30,974,931

（注）　①ネットのデータ（Directional Principle）。②"World Investment Report 2019" 掲載の 161 か国・地域
　　　（カリブの金融センター除く）内の順位。
〔資料〕　"World Investment Report 2019"（UNCTAD）からジェトロ作成。Copyright © 2019 JETRO. All rights
　　　reserved.
（出所）　日本貿易振興機構（ジェトロ）ウェブページ掲載資料を一部修正して筆者作成。

2.2　開発途上国企業の多国籍化

　かつて，多国籍企業は日米欧を中心とする先進国の企業のみが当てはまるという暗黙の前提があり，開発途上国の企業は蚊帳の外に置かれていたように思われる。ところが，近年は開発途上国市場の急激な成長により，当該企業が自国のみならずグローバルにも存在感を高めている。

　たとえば，米国のフォーチュン（*Fortune*）誌で毎年発表される Global 500 ランキング（世界の巨大企業 500 社を，売上げなどを基に順位付けしたもの）の 2018 年版をみると，それまでの上位の常連である米国小売多国籍企業に混じり，中国多国籍企業が複数ランクインしている（詳しくは**第 10 章**図表 10-1-4 を参照）。このような現象は 1990 年代になってから現れ始め，2000 年代になってからは常態化している。また，20 位以下をみても東南アジアの企業や中東の企業が台頭しており，多国籍企業間のグローバルな競争（国際寡占競争）における強力なプレーヤーの増加は，いくつかの産業における構図を近いうちに塗り替えるかもしれない。

2.3　多国籍企業における現地子会社の役割

　日米欧企業のそれぞれで多国籍化の主要因は異なっている。また，多国籍企業数の増加や当該企業規模の増大にともなう経済的な覇権について，1960 年代までは米国一極体制，1970 年代は欧米二極体制，1980 年代は日米欧三極体制（エコノミストの大前研一はこれをトライアド・パワーと呼ぶ），そして 1990 年代からは多極体制に変遷していると考えられている。

　開発途上国の多国籍企業がそれぞれの産業に参入し，そのコスト競争力で影響力を高めていく中，先進国の多国籍企業にとってとりわけ重要なのはこれまで世界中に張り巡らせてきた現地子会社の活かし方である。図表 2-3-1 のように，現在の日本多国籍製造企業における現地子会社はそれぞれの生産拠点で作られた製品の販売をほとんど現地で完結させており，その程度は以

■図表 2-3-1　日本の製造企業現地子会社における販売先（売上高）の状況

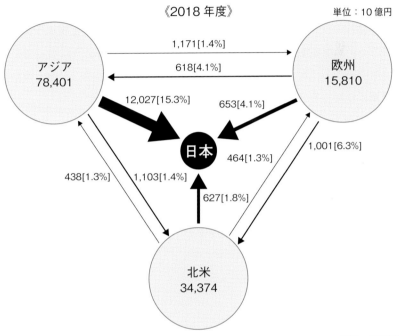

《2018 年度》　　　　　　　　　　単位：10 億円

（単位：10 億円）

	販売総額		うち現地販売額 （①）と販売比率		うち域内販売額 （②）と販売比率		現地・域内販売額 （①＋②） と販売比率		日本への販売額と 販売比率	
	2009 年度	2018 年度	2009 年度	2018 年度	2009 年度	2018 年度	2009 年度	2018 年度	2009 年度	2018 年度
アジア	41,992	78,401	25,671 61.1%	43,874 56.0%	6,678 15.9%	18,527 23.6%	32,348 77.0%	62,401 79.6%	7,267 17.3%	12,027 15.3%
欧　州	10,726	15,810	5,225 48.7%	6,384 40.4%	4,537 40.6%	6,616 41.8%	9,582 89.3%	13,000 82.2%	272 2.5%	653 4.1%
北　米	20,955	34,374	14,736 70.3%	22,544 65.6%	5,104 24.4%	9,721 28.3%	19,841 94.7%	32,265 93.9%	496 2.4%	627 1.8%

（注1）　現地：我が国海外進出企業（以下「現地法人」と称す）の立地する国
　　　　域内：現地法人の立地する国が属する地域から進出先国を除いた地域（地域区分：北米，アジ
　　　　ア，欧州等）
　　　　現地・域内販売比率＝現地・域内販売額（売上高）／地域の総販売額（売上高計）×100.0
（注2）　販売総額には，その他の地域への販売額を含む。
（出所）　経済産業省（2020）『第49回海外事業活動基本調査』，15頁を基に筆者作成。

2.3　多国籍企業における現地子会社の役割　25

前よりも高くなっている。日本に逆輸入したり他地域に輸出（たとえばアジアから北米へ，北米から欧州へ）したりすることもあるが，それは全体的にみるとわずかである。

　グローバル・ビジネスをより深く理解するためには，多国籍企業における現地子会社の役割を知り，さらには当該企業において親会社と現地子会社との関係（いわゆる親子関係）や現地子会社間の関係がどのようになっているのかを考察することが重要となっている。したがって，本書では**第5章**から**第7章**にわたって上記の諸課題に焦点を当てている。

第 3 章

世界経済と
グローバル・ビジネス

3.1　第二次世界大戦後の世界経済体制

　1929 年の大恐慌以後，英国やフランスといった植民地ならびに自国通貨圏を有する国は域内で関税同盟を結び，域外国には高率の関税をかけた。これを「ブロック経済」と呼ぶ。これに対し，ブロックにはじかれたドイツやイタリア，日本などが自国権益拡大のため軍事力を用いて対外進出を図り，それに英仏米などが反発したことが第二次世界大戦の契機となった。第二次世界大戦後の世界における政治経済体制は，このブロック経済の反省のもとに構成されてきたのである。

　戦後における世界経済体制の礎になったものには大きく 2 つがある。一つは，1944 年に米国のブレトンウッズにおける連合国通貨金融会議で締結された「米ドルを基軸とする固定為替相場制」である。これを支えるために IMF（International Monetary Fund：国際通貨基金）と IBRD（International Bank for Reconstruction and Development：国際復興開発銀行）の設立も決定された。IBRD は，現在では WB（World Bank：世界銀行）の一部だが同じ意味に使われることもある。IMF は主として加盟国の短期的経常収支悪化を救済・監視する役割を担い，IBRD は当初は戦勝国の復興のため，現在では発展途上国の復興のため長期的融資を担う。固定為替相場制とそれを支える IMF・IBRD は戦後の経済復興と政治の安定に大きな影響を及ぼしたので，「ブレトンウッズ体制」と呼ばれることもある。

　もう一つは，1947 年にスイス・ジュネーヴで署名され，その後暫定適用されてきた GATT（関税及び貿易に関する一般協定）である。GATT は二国間交渉によるブロック経済化を避けるため，多数国間で協議する自由で無差別の多角的貿易交渉を目指した。数年おきに行われる多角的貿易交渉を「ラウンド」と呼ぶが，GATT 締約国が増大するにつれ多数国間で合意を得ることが困難になっていった。そのため，1995 年 1 月 1 日に WTO（World Trade Organization：世界貿易機関）が発足した。一方，世界全体（2019 年現在，WTO 加盟国は 164）で合意することが困難なため，それぞれの地域で地域経済統合が進展することになる。

Column 3.1 ● 為替相場とグローバル・ビジネス

　為替相場はグローバル・ビジネスに大きな影響を及ぼす。ビジネス上，為替相場の安定が望ましいが，変動相場制の現在，為替相場は常に変化している。1971 年まで1米ドル＝360 円に固定されていたが，1973 年の変動相場制移行後，徐々に円高が進み，1985 年のプラザ合意で円が 240 円台から 2 年半ほどで 120 円台まで急騰した。1995 年 4 月には 79 円台にまでなったが，2019 年 8 月 16 日現在，1 米ドル＝106 円台前半で小幅に変動している。円安だと日本からの輸出が有利となり，輸入が不利となる。第二次世界大戦後，日本企業が輸出で稼げたのは高品質製品を低コストで生産できたこともあるが，為替相場の有利さも大きく貢献した。現在は，円高になっているので輸出が不利になったが，一方で海外資産の購入は有利になり，**海外直接投資**が拡大している。

　一方，円高は輸入が有利になるので，衣料品や玩具，雑貨，電気製品などが多く輸入されるようになった。海外からの訪日客（インバウンド）は円高では不利になるものの，日本製品の魅力や観光政策の充実などもあって，ここ数年急激に増大している（2012 年の 835 万人から 2019 年の 3,188 万人に増大）。

　2020 年に入り，新型コロナウイルス（COVID–19）のため訪日客は急減している。

■図表 3–1–1　多角的貿易交渉の発展

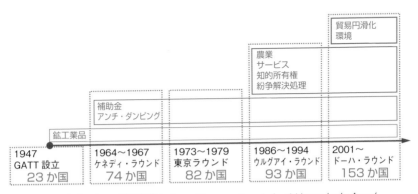

（出所）　外務省「わかる！国際情勢」，https://www.mofa.go.jp/mofaj/press/pr/wakaru/topics/vol5/index.html（2019 年 8 月 16 日アクセス）。

固定為替相場制は，基軸国である米国の脆弱化によって維持できなくなり，1973年に主要国が変動為替相場制へ移行したことによってブレトンウッズ体制は崩壊した。しかしながら，IMFやIBRD，GATT/WTOは現在でも大きな意義を有している。

3.2 南北問題

第二次世界大戦の主戦場になった欧州の経済を復興させるために，米国はマーシャル・プランと呼ばれる復興支援計画を立てた。その受け入れ整備機関としてOEEC（欧州経済協力機構）が1948年に設立され，後に米国とカナダを加えて1961年に創設されたのがOECD（経済協力開発機構）である。日本は1964年に加盟が認められた。2019年現在の加盟36か国の多くが先進国であり，「先進国クラブ」とも呼ばれている。

一方，UN（国際連合）が開発途上国の経済開発促進のために設けた会議がUNCTAD（国際連合貿易開発会議）であり，1964年設立以降，原則4年に1回開催されている。事務局のあるスイス・ジュネーヴで2回開催された（1964年と1987年）他は開発途上国で開催されている。事務局長も開発途上国出身者である。

かつて先進国は開発途上国を植民地化し，富を収奪した。植民地が事実上崩壊した後，先進国の多国籍企業が開発途上国の天然資源や安価な労働力を利用した。これらにより，豊かな先進国と貧しい開発途上国に世界は二分されることになった。北半球の先進国は緯度の高い地域に多いので「北」と呼ばれ，開発途上国は赤道付近に多いので「南」と呼ばれ，これらの諸国の富の偏在とそれを支える仕組みを「南北問題」と呼ぶ。UNCTADは，先進国クラブであるOECD主導の世界政治経済秩序をけん制し，発展途上国の復興を通じて南北問題の解消を目指している。

ただし，かつて開発途上国と一括りにされた諸国間でも格差が生じている。経済発展に成功した国は「新興国」と呼ばれ，図表3-2-1のようにその一部は1人当たりのGDP（国内総生産）で先進国を凌駕する（例：シンガポール）。

Column 3.2 ● UNCTAD とは

　UNCTAD（国連貿易開発会議；United Nations Conference on Trade and Development）とは，貿易と開発，それに金融，投資，技術，持続可能な開発の関連問題に総合的に対応するための国連機関である（1964 年設置。所在地：ジュネーブ）。その目的は，開発途上国や経済移行国が開発，貧困削減，世界経済への統合のための原動力として貿易と投資を利用できるようにすること，また，開発途上国に関連して新たに生まれる問題や世界経済に関する国際討論に貢献することなどである。そのために主要な報告書を作成し，政策説明を行い，国際会議に提言する。

　UNCTAD の事業領域は，①調査研究と分析，②政府間の審議を通してのコンセンサスの構築，③各種のパートナーと進める技術協力プロジェクトの 3 つとなっている。UNCTAD の最高の政策決定機関は閣僚による総会で，UNCTAD の 194 加盟国が国際的な経済問題について討議し，また UNCTAD の活動計画を策定する。職員は 400 人で，年間の通常予算はおよそ 6 億 8,100 万ドルである。技術協力活動は通常予算外の資金で賄われ，3,900 万ドル以上である。現在 100 か国以上の国々で 260 件以上の技術協力プロジェクトが行われている。（以下の国連広報センターのウェブページ（https://www.unic.or.jp/info/un/unsystem/other_bodies/unctad/）を参照して作成（2019 年 11 月 17 日アクセス）。）

■図表 3-2-1　1 人当たりの GDP（2018 年，単位：米ドル）

順位	【上位 10 か国／地域】		順位	【新興国／地域】		順位	【下位 10 か国／地域】	
1	ルクセンブルグ	113,954	18	香港	48,231	183	アフガニスタン	565
2	スイス	83,583	24	アラブ首長国連邦	41,476	184	シエラレオネ	495
3	ノルウェー	82,372	28	バハマ	34,333	185	ニジェール	489
4	マカオ	81,585	29	ブルネイ	33,824	186	モザンビーク	481
5	アイスランド	75,699	30	韓国	32,046	187	コンゴ民主共和国	478
6	アイルランド	75,192	31	プエルトリコ	32,004	188	マダガスカル	474
7	カタール	67,818	32	クウェート	31,915	189	中央アフリカ共和国	454
8	米国	62,517	35	キプロス	27,864	190	マラウィ	349
9	シンガポール	61,230	37	バーレーン	26,531	191	ブルンジ	307
10	デンマーク	56,698	38	台湾	25,534	192	南スーダン	306

（注）　日本は 40,105 米ドルで 26 位。

（出所）　IMF, World Economic Outlook, October-2018，http://statisticstimes.com/economy/countries-by-gdp-capita.php（2019 年 8 月 18 日アクセス）。

一方で貧困にあえぐ開発途上国も多く，開発途上国間で格差が広がっている。これを「南南問題」と呼ぶ。

　現在の世界はさまざまな問題を抱えているが，貧困の問題ほど切実な問題はない。世界銀行は，2015 年に貧困ラインを 2011 年の PPP（購買力平価）で 1 日 1.90 ドルと設定しているが，これを下回る数を少なくとも 7 億 3,600 万人と計算している（図表 3-2-2 参照）。2015 年の世界人口は 73 億人なので 10 人に 1 人が貧困層である。貧困層は餓死，病気，失業，教育機会の欠如，犯罪，テロなどさまざまな課題を抱えており，国および世界全体をきわめて不安定にしている。

3.3 地域経済統合

　GATT/WTO は多国間交渉で自由貿易を目指したが，加盟国の多さゆえに合意に至ることが困難であった。そこで，近隣の地域であれば地理的条件や歴史的条件，経済発展条件などが比較的類似しているので合意に至りやすいと地域経済統合が各地で締結されていった（図表 3-3-1 参照）。

　代表的な地域経済統合は欧州で生じた。**第 2 章**でも述べたが，1957 年にドイツ・フランス・イタリア・ベネルクス 3 国（オランダ・ベルギー・ルクセンブルク）が EEC（欧州経済共同体）を創設し，域内関税撤廃をめざす「関税同盟」を形成した。第二次世界大戦まで長きにわたり宿敵であったドイツとフランスが手を結んだことに象徴されるように，戦争なき平和的経済発展を目論むものであった。その後，欧州 6 か国が加わり，また欧州石炭鉄鋼共同体と欧州原子力共同体が合体して，1967 年に EC（欧州共同体）となった。

　このような参加国の拡大と機能の拡大，ヒト・モノ・カネの自由化を受けて，1993 年に EC は EU（欧州連合）に発展した。2019 月 10 月現在，EU には 28 か国が参加しており，うち 19 か国と非 EU 加盟国 6 か国，計 25 か国で共通通貨 EURO（現金通貨としては 2002 年に発行）が使われている。また EU 加盟国を中心に，国境検査を撤廃するシェンゲン協定が結ばれている。シェンゲン協定には非 EU 加盟国のスイス，ノルウェー，アイスランドも参

■図表 3-2-2　世界銀行の貧困ラインに基づく地域別貧困率（2015 年）

地域	貧困ライン (PPP，ドル/日)	貧困率 (%)	貧困ギャップ (%)	2乗貧困 ギャップ率	貧困層の数 (百万人)	総人口 (百万人)	調査対象 割合(%)
東アジア・大洋州地域	1.90	2.32	0.46	0.16	47.18	2,036.62	97.57
ヨーロッパ・中央アジア地域	1.90	1.47	0.40	0.18	7.15	487.04	89.86
ラテンアメリカ・カリブ海地域	1.90	4.13	1.54	0.92	25.90	626.57	89.84
中東・北アフリカ地域	1.90	5.01	1.28	0.50	18.64	371.65	64.63
その他高所得国	1.90	0.68	0.49	0.42	7.32	1,083.59	71.71
南アジア地域	調査データが限られているため，結果表示なし						21.35
サブサハラ・アフリカ地域	1.90	41.10	15.79	8.24	413.25	1,005.57	52.69
世界全体	1.90	10.00	3.10	1.49	735.86	7,355.22	66.71
世界全体 (高所得国を除く)	1.90	11.62	3.55	1.67	728.54	6,271.63	65.85

（注）　貧困ギャップとは，貧困層の平均的所得が，貧困ラインを下回っている割合を示す数値。
（出所）　世界銀行「世界の貧困に関するデータ」，https://www.worldbank.org/ja/news/feature/2014/01/08/open-data-poverty（2018 年 10 月 5 日アクセス）。

■図表 3-3-1　地域経済統合の類型

経済統合の類型			内　容	例
経済統合 の前段階	地域協力		・特定の議題について協議し，協力の枠組みを作る。 ・分野横断的な協議機関を設ける場合もある。 ・すべての国に同様の影響を与える協力と，各国間の格格差を縮小する援助の性格を持つ協力がある。	APEC ASEAN＋3
経済統合 の5段階	①自由 貿易 協定 (FTA)	伝統的 FTA	・物品の貿易を自由化する。	AFTA
		新世代 FTA (EPA)	・伝統的 FTA に加え，サービス，投資，人の移動，知的財産権保護などの幅広い要素を含む。	NAFTA 日－シンガポール EPA
	②関税同盟		・域外に対する共通関税を設定する。	MERCOSUR
	③共同市場		・人や資本など生産要素の移動制限を撤廃する。	EU
	④経済同盟		・経済政策を調整する。	EU
	⑤完全な経済統合		・超国家機関を設置し，経済政策を統一する。	

（原典）　B. バラッサ（中島正信訳）『経済統合の理論』ダイヤモンド社，1963，4–5 頁（原書名：Bela Balassa, *The Theory of Economic Integration*. London: Allen and Unwin, 1962, p.2），内藤徹雄「APEC の将来とアジア」アジアクラブ編『多角的視点からみるアジアの経済統合』文眞堂　2003，64–66 頁などをもとに作成。
（出所）　経済産業省『調査と情報』No.489，2005 年，1 頁。

加しているが，イギリス，アイルランドは参加していない。

　イギリスは EEC・EC の発足加盟国でなかったことや EURO を導入しな
かったこと，シェンゲン協定に参加していないことなどから理解されるよう
に，欧州大陸とは一線を画してきた。今日のブレグジット（イギリスの EU 離
脱）には，そのような歴史的背景がある。

　地域経済統合には欧州のみならず，米国・カナダ・メキシコ間の NAFTA
（北米自由貿易協定，現在は USMCA）や南米諸国間の MERCOSUR（南米南部
共同市場），東南アジア諸国間の ASEAN（東南アジア諸国連合），東アフリカ
諸国間の EAC（東アフリカ共同体）など数多くある（図表 3-3-2 は日本の経済
連携協定を示している）。環太平洋 12 か国で協議が始まった TPP（環太平洋
パートナーシップ協定）は米国が離脱を表明したものの，11 か国で 2018 年 3
月にチリで署名された。

3.4　グローバリゼーション

　1917 年，レーニンらによるロシア革命が成功し社会主義国家「ソビエト連邦
（ソ連）」が成立した。1949 年には毛沢東率いる中国共産党が独立を成し遂げ，
社会主義国家「中華人民共和国」が成立した。その他にもキューバ，北朝鮮，
ベトナム，インドなどが社会主義国家になったか社会主義的制度を採用した。
これらの社会主義的国家群を「東側」と呼び，米国や西欧，日本などの資本
主義国家群を「西側」と呼んだので，両者の対立を「東西対立」と呼んだ。
この東西対立は戦争なき対立であったため「冷戦」とも呼ばれた。

　この東西対立／冷戦が，1989 年 11 月のベルリンの壁崩壊（図表 3-4-1）で
大きく変容した。ソ連は 1991 年に崩壊し，ロシアをはじめとする 15 か国に
分かれた。中国はそれより 10 年ほど早く 1978 年 12 月の中国共産党第十一
期中央委員会第三回全体会議（三中全会）で鄧小平が実権を握り，毛沢東夫
人である江青ほか「四人組」が主導した文化大革命に終止符を打っていた。
しかしながら，1989 年 6 月の天安門事件で西側諸国は態度を硬化させていた。
鄧小平は 1992 年の「南巡講話」で社会主義的市場経済の継続を強調し，旧ソ

■図表 3-3-2 　日本の経済連携協定

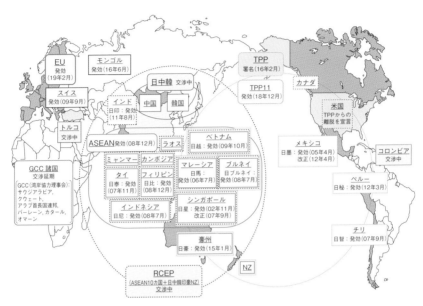

（出所）　経済産業省『通商白書 2019』，315 頁。

■図表 3-4-1 　ベルリンの壁の崩壊（1989 年 11 月 10 日）

（出所）　dpa/時事通信フォト

連諸国同様，市場経済の道を確立した。ベトナムも 1986 年にドイモイ政策で市場経済へ移行し，インドも 1991 年にかつての社会主義的政策を改めた。すなわち，1990 年前後にグローバル市場が成立したのである。

　このようなグローバル市場成立を契機にグローバリゼーションが進展した。グローバリゼーションを理解するには，「何がグローバル化しているのか」という主体を検討することが重要である。競争，カネ，情報，企業，モノ，ヒトのグローバル化を考えてみよう。いずれも，以前に比べて国境を越えた活動がはるかに盛んになった（図表 3-4-2 参照）。とりわけ 1995 年のマイクロソフト社が発表した Windows 95 以降，インターネット社会に突入し，2007 年のアップル社が発売した iPhone によってモバイル化が一気に進んだ。インターネットの中をカネや情報，コンテンツが自由に行き来するようになり，「世界はボーダーレス化した」と捉えられた。確かに企業間の競争やカネ・情報の移動はボーダーレスに行われているものの，企業やモノ，ヒトの移動は依然として国境の壁に遮られている「ボーダーフル」な世界に留まっている（図表 3-4-3 参照）。

3.5　反グローバリゼーション

　前節で述べたように，決してすべてがボーダーレスではないにしても，1990 年代以降，グローバリゼーションが著しく進展したことは事実である。国境に遮られている企業においても対外直接投資という形でグローバル化しているし（多国籍企業），モノも貿易という形で国境を越えて拡大している。一番移動しにくいヒトにおいても，海外赴任や留学あるいは観光といった形で国境を越えている。訪日外客数も 2008 年の 835 万人から 2019 年には 3,188 万人と約 4 倍になっている。

　企業やモノのグローバリゼーションは，経営効率を高め，労働を節約し，イノベーションを促進し，人材育成に貢献する。これらを通して経済厚生を高めるというメリットがある。一方，企業の経営資源や能力には大きな格差があることから現地企業の成長を阻害したり，付加価値の高いモノを輸入し付

■図表 3-4-2　世界の貿易と海外直接投資の推移

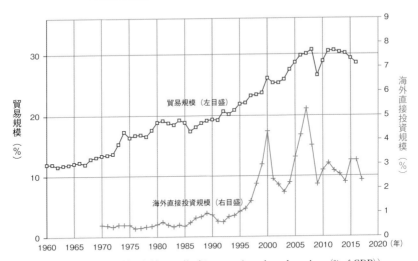

(注)　貿易規模＝世界の総輸出額対 GDP 比（Exports of goods and services（% of GDP）），
海外直接投資規模＝世界の総直接投資額対 GDP 比（Foreign direct investment, net
inflows（% of GDP））。
(資料)　世界銀行，World Development Indicators（2019 年 2 月 20 日）。
(出所)　「社会実情データ図録」。

■図表 3-4-3　グローバル化の主体（6 つの次元）

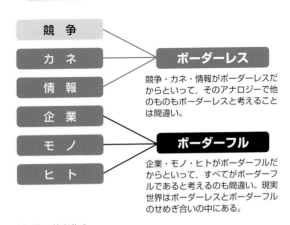

(出所)　筆者作成。

3.5　反グローバリゼーション　37

加価値の低いモノを輸出するという不均衡な貿易を促進したりするというデメリットもある。さらには，情報やモノ，サービス，ヒトのグローバリゼーションによって，現地国の伝統的文化や慣習を破壊し，特定の国の価値観を強要すると危惧される。そのようなことから「反グローバリゼーション」の運動も根強く展開されてきている。

グローバリゼーションが1990年代に進展したことから，反グローバリゼーションも1990年代以降活発化した。象徴的な出来事は，1999年11月30日から12月2日までシアトルで開催されたWTO閣僚会議への反対デモである（図表3-5-1参照）。翌年4月のIMF年次総会の時も反グローバリゼーションのデモが行われた。ただし，反グローバリゼーションを叫ぶ人々の間にはさまざまな見解がある。グローバリゼーションそのものを否定する者から，グローバリゼーションがもたらす弊害のみを糾弾する者，特定の課題に注目して反対運動を行う者まで多種多様である。

なお，2016年のイギリス国民投票でブレグジット（EU離脱）派が勝利したり，その翌年にドナルド・トランプが米国大統領に就任したりしたことなどから，「自国第一主義」という新たな反グローバリゼーションの波が生じている。欧州はアフリカや中東からの難民の増加（図表3-5-2参照）に対して厳しい態度をとるようになっているし，米国も南米から移民に対して厳しい態度をとるようになった。まさに，企業・モノ・ヒトがボーダーフルな世界で移動していることを再認識させる出来事である。

3.6 地球環境問題

人間は経済発展する中で，地球環境を至るところで破壊してきた。かつては「伝統的公害」と呼ばれる環境破壊があった。伝統的公害には地域公害と広域公害がある。地域公害には，悪臭・地盤沈下・振動公害・水質汚濁・騒音・大気汚染・土壌汚染という「典型7公害」の他，廃棄物不法投棄や公害輸出，有害廃棄物輸出などがある。広域公害には，PM2.5などの越境汚染，酸性雨，森林破壊，砂漠化などがある。

■図表 3-5-1　シアトル WTO 閣僚会議に対する反対デモ（1999 年）

（注）　自由貿易を推進する WTO がグローバリゼーションの先導役とみなされた。
（出所）　AFP=時事

■図表 3-5-2　EU 加盟国への新規庇護申請者数の動向

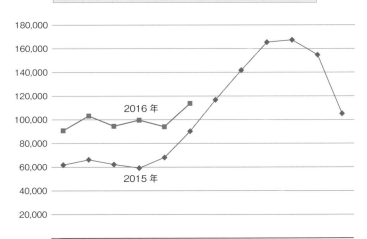

（原典）　Eurostat『庇護申請者統計四半期報告書』（2016 年 9 月 21 日付）　©European
　　　　Union, 1995–2016
（出所）　EU MAG「難民危機と EU」Vol.55, 2016 年 11 月号。

しかしながら，1980年代あたりから強く主張されだしたのは，これら伝統的公害と異質な，まさに地球全体に影響を及ぼす環境破壊である。それはオゾン層破壊，地球温暖化，生物多様性危機に代表される（図表3-6-1参照）。オゾン層破壊については，1970年代にフロンがオゾン層を破壊するメカニズムは明らかにされていたが，1985年になって南極上空でオゾンホールが発見され現実のものとなった。オゾンは有害物質だが，成層圏にあって紫外線を防いでいる。オゾン層がなければ地上で生物は生きていくことができない。一方，フロンは無害で化学変化もしにくい。そのため，冷媒や溶剤，半導体の洗浄などに広く利用されていた。しかし，塩素を含むため成層圏まで上昇するとオゾン層を破壊した。現在では特定フロンの製造・利用が多くの国で禁止されている。

　地球温暖化は，二酸化炭素やメタンなどの温室効果ガスが地球の気温や水温を高め，酷暑や極寒，ハリケーンなどの異常気象をもたらす（図表3-6-2参照）。そのため，一方では洪水が他方では旱魃が起こる。また，地球温暖化は極地や寒冷地の雪や氷を溶かし，海面上昇をもたらし，低地の水没あるいは塩害を拡大する。このため，世界は気候変動枠組条約を1992年に締結した。その締約国会議（COP）第3回が1997年京都で開催され，温室効果ガスの削減目標を定める「京都議定書」を採択した。その後も毎年のように締約国会議が開催されているが，削減目標を達成できておらず，むしろ悪化している状況である。

　生物多様性危機とは，広域公害である森林破壊や酸性雨などとも関係するが，従来生態系を支えてきた生物多様性が危機に瀕していることである。とりわけ熱帯雨林の減少は，そこに住まう動植物の危機であるばかりでなく，光合成の減少による二酸化炭素吸収力の低下から地球温暖化を加速することになる。熱帯雨林に数多くある薬品の原料物資の減少も人類にとって危険である。

■図表 3-6-1　伝統的公害と地球環境問題の比較

| 1．地域公害
　典型 7 公害（悪臭，地盤沈下，振動
　公害，水質汚濁，騒音，大気汚染，
　土壌汚染）
　四大公害，廃棄物不法投棄，公害輸出，
　有害廃棄物輸出
2．広域公害
　（1）越境汚染
　（2）天然・自然資源枯渇，酸性雨
　　森林破壊，砂漠化
3．地球環境破壊
　オゾン層破壊，地球温暖化，生物多様
　性危機

＊伝統的公害問題＝1 と 2 の(1)
　地球環境問題＝2 の(2)と 3 | A．伝統的公害との相違点
①被害が地球規模で生じるが，分かりに
　くい
②被害は後世代ほどひどくなる
③現世代の危機意識が希薄である
④排出源を特定するのが困難
⑤将来状況が不確実で，対策が立てにくい
⑥国家間・南北間の対立が大きい

B．伝統的公害との類似点
①被害は弱者・貧困者に集中する
②排出源は主として企業である
③防止対策の担い手も主として企業である
④防止対策への抵抗は強い
⑤防止対策への国家の役割が不十分
⑥防止には生活者・NGO の運動が必要 |

（出所）　筆者作成。

■図表 3-6-2　世界平均地上気温の偏差

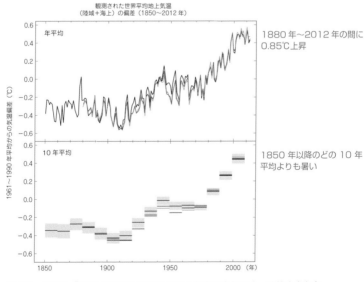

（出所）　気象庁『IPCC 第 5 次評価報告書第 1 作業部会報告書　政策決定者向
け要約』2013–2014，気象庁訳。

3.7 MDGs と SDGs

　地球環境問題と並んで 1990 年代に深刻化したのは貧困問題である。UNDP（国連開発計画）では「教育，仕事，食料，保険医療，飲料水，住居，エネルギーなどもっとも基本的な物・サービスを手に入れられない状態」を貧困と定義しているが，これは「絶対的貧困」と呼ばれる。他方，周りの人々と比較して相対的に貧困状態にあることを「相対的貧困」と呼ぶ。絶対的貧困は餓死や重病，教育機会の喪失などをもたらすが，相対的貧困も不満や暴動，テロなどをもたらす。1990 年代末にはインド人のプラハラード（Prahalad, C.K.）らが BOP ビジネス（Base of the Pyramid Business）を提唱し，2000 年にはニューヨークで開催された国連ミレニアム・サミットで採択された「国連ミレニアム宣言」を基に，2015 年を期限とした MDGs（ミレニアル開発目標）がまとめられた（図表 3-7-1 参照）。

　MDGs は一定の成果を得たが，2015 年に国連は 2030 年を達成期限とする新たな目標・SDGs（持続可能な開発目標）を定めた（図表 3-7-2 参照）。MDGs 目標①が SDGs では目標①②に拡大され，MDGs 目標⑦が SDGs では目標⑬⑭⑮に拡大されている。逆に，MDGs の目標④⑤⑥が SDGs では目標③にまとめられており，また新たに付け加わったものも多い。SDGs 目標⑥は「安全な水とトイレを世界中に」であるし，目標⑦は「エネルギーをみんなに，そしてクリーンに」となっている。目標⑧「働きがいも経済成長も」や目標⑨「産業と技術革新の基盤をつくろう」は MDGs にはなかった経済成長の宣言である。目標⑩「人や国の不平等をなくそう」というのは「相対的貧困」の撲滅を宣言している。目標⑪「住み続けられるまちづくりを」や目標⑫「つくる責任，つかう責任」は生活目標を定めているし，目標⑯「平和と公正をすべての人に」は戦争なき正しい社会を展望している。ただし，これらはやや抽象的なので，その下に 169 のターゲットと 232 の指標がある。

　SDGs には，「普遍性」（すべての国が行動する），「包摂性」（誰一人取り残さない），「参画型」（すべてのステークホルダーが役割を果たす），「統合性」（社会・経済・環境に統合的に取り組む），「透明性」（定期的にフォローアップ）という 5

■図表 3-7-1　MDGs：8つの目標

目標 1：極度の貧困と飢餓の撲滅

目標 2：初等教育の完全普及の達成

目標 3：ジェンダー平等推進と女性
　　　　の地位向上

目標 4：乳幼児死亡率の削減

目標 5：妊産婦の健康の改善

目標 6：HIV／エイズ，マラリア，
　　　　その他の疾病の蔓延の防止

目標 7：環境の持続可能性確保

目標 8：開発のためのグローバルな
　　　　パートナーシップの推進

(注)　ロゴは「特定非営利活動法人 ほっとけない 世界のまずしさ」が作成したもの。
(出所)　外務省ウェブページ。

■図表 3-7-2　SDGs：17 の目標

(出所)　外務省ウェブページ。

つの方針がある。MDGs で取り残された課題も含め，人類はこれら 5 つの方針に基づき，17 の目標を達成しなければならない。これについては**第 10 章**で詳述する。

3.8 人口と食糧問題

　世界の人口が増加している。世界人口が 10 億人を超えたのは 1802 年であるが，さらに 10 億人増加したのは 125 年後の 1927 年であった。しかし，その後 10 億人増加する期間は急速に短くなり，60 億人になった 1998 年から 70 億人を超えた 2011 年まで，わずか 13 年しかかからなかった。2019 年 10 月現在，世界人口は 77 億人で，中庸の予想をしても，2030 年には 85 億人，2050 年には 97 億人になると国連はみている（図表 3–8–1 参照）。

　とくに人口増加の著しい国は，インド，ナイジェリア，パキスタン，コンゴ民主共和国，エチオピア，タンザニア，インドネシア，エジプト，米国の 9 か国である。インドは 2027 年頃，中国を抜いて世界でもっとも人口が多い国になるだろう。世界は貧しい国の人口増と豊かな国の人口減（移民の多い米国を除く）という二極化になっている。さらに，単に人口が増加するだけでなく，その多くが都市に住むようになっている。1950 年には 30％に過ぎなかった世界の都市部人口比率は 2018 年現在 55％にまで高まっており，2050 年には 68％に達すると予想されている。都市部人口の増加は，都市におけるインフラ不足や交通渋滞，犯罪の増加，スラム化などを引きおこし，一方では農村の過疎化，農業の停滞を加速する。

　先進国においては，出生率の低下と平均寿命の拡大が同時に進行し，少子高齢社会になっている。出生率は全世界でも 1990 年の女性 1 人当たり 3.2 人から 2019 年には 2.5 人に低下している。老年人口（65 歳以上）の比率は先進国で高く，2015 年時点で日本 26.3％，イタリア 22.4％，ドイツ 21.2％などとなっている。これらが 2050 年には軒並み 30％を超えてくる。少子高齢社会は，生産年齢人口比率の低下をもたらし，経済成長を妨げることになる。

　このような世界全体の人口増加，特定の国・地域で生じる急速な人口増加，

■図表 3-8-1　世界人口の推計値

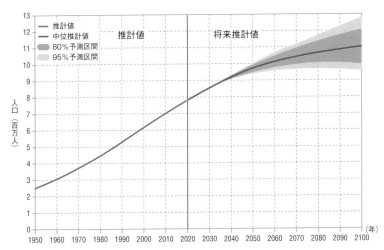

（出所）　国際連合経済社会局『世界人口推計 2019 年版　データブックレット』。

■図表 3-8-2　世界の穀物生産量と消費量

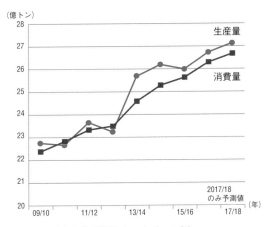

（原典）　国連食糧農業機関（FAO）（2019 年）
（出所）　ハンガー・フリー・ワールド「世界の食糧事情」。

都市化率の上昇，生産年齢人口比率の低下などは，深刻な食糧問題を引き起こす可能性がある。実は世界の穀物生産量は消費量を上回り，十分に足りている（図表3-8-2参照）。にもかかわらず，世界の9人に1人（アフリカでは5人に1人，サブサハラでは5人に2人）が飢餓に苦しみ，慢性的な栄養不足状態にある。投機マネーの流入により食糧価格が高騰して，買いたくても買えない状況も生じている。一方で，先進国では「食べ残し」や「賞味期限切れ」などの「フードロス」が大きな問題となっている。SDGsの達成のためにも食糧問題の解決は不可欠である。

Column 3.3 ● さらに詳しく学ぶために

　本章で述べたテーマについてさらに詳しく学ぶ際は以下の著書が参考になる。なお，それぞれの原著は本書の最後にある参考文献で示している。

J. E. スティグリッツ著，桐谷知未訳（2016）『これから始まる「新しい世界経済」の教科書』徳間書店。

P. R. クルーグマン・M. オブストフェルド・M. J. メリッツ著，山形浩生・守岡桜訳（2017）『クルーグマン国際経済学：理論と政策（上・下）』丸善出版。

G. アリソン著，藤原朝子訳（2017）『米中戦争前夜：新旧大国を衝突させる歴史の法則と回避のシナリオ』ダイヤモンド社。

R. ボールドウィン著，遠藤真美訳（2018）『世界経済 大いなる収斂：IT がもたらす新次元のグローバリゼーション』日本経済新聞出版社。

T. ピケティ著，山形浩生・守岡桜・森本正史訳（2014）『21 世紀の資本』みすず書房。

伊藤元重（2016）『どうなる世界経済 入門 国際経済学』光文社新書。

馬田啓一・浦田秀次郎・木村福成・渡邊頼純（2019）『揺らぐ世界経済秩序と日本：反グローバリズムと保護主義の深層』文眞堂。

大前研一（2020）『2020 年の世界：「分断」から「連帯」へ』good.book。

国際連合統計局（2020）『国際連合世界統計年鑑 2019』原書房。

野口悠紀雄（2018）『世界経済入門』講談社現代新書。

宮崎勇・田谷禎三（2020）『世界経済図説［第 4 版］』岩波新書。

若杉隆平（2020）『基礎から学ぶ国際経済と地域経済』文眞堂。

　その他，経済雑誌の『世界経済評論』やウェブページの『世界経済評論 IMPACT』も世界経済を理解する上で大いに役立つであろう。

第4章

文化とグローバル・ビジネス

4.1 環境要因

　国際的にビジネスを実施する上で企業が必ず直面することになるのが「文化」である。一般的にグローバル・ビジネスでは，自社の理念や社会的な存在意義，そして CEO の特徴といった企業要因が起点となり最初に大きな方針が決められる。次に，展開する製品，産業の特性やプロダクト・ライフ・サイクル（PLC）の現状，ライバルとのポジショニングといった製品／産業要因が考慮され，最後に検討されるのが文化を含む環境要因である。環境要因には法律，そして政治の体制や各国に存在する各種制度，温度や時差などを含む地理，そして文化が含まれる（図表 4-1-1）。

　同じ環境をみても企業によって採用する行動が異なるのは，企業要因や製品／産業要因がそれぞれ異なるためである。同じ対象を見ても，見るためのフィルターが異なれば，見え方はそれぞれになる。環境要因は，最後に検討される要因であるからといって決して軽視されているわけではない。環境要因によって参入すら難しくなる市場も存在するし，大きく現地に合わせた展開が必要となる場合もある。

　環境要因には，グローバル・ビジネスにおいて必ず現地に合わせなければならない強制的なもの，拘束力が大きい半強制的なもの，そして任意的なものが存在している（図表 4-1-2）。

　環境要因の内容をまとめたものとして CAGE がある（Ghemawat, 2007）。CAGE はそれぞれ，C が Culture（文化），A が Administrative（制度），G が Geographic（地理），E が Economic（経済）を意味している。母国市場と展開国市場における CAGE の差がグローバル・ビジネスの展開内容に大きな影響を与える。本章では CAGE の中でも文化の側面に焦点を当てるが，文化といってもその意味合いは多様である。たとえば言語も一種の文化であるし，宗教的タブーも文化として捉えられる。このように特定の国だけに限らない文化も存在すれば，国民性と呼ばれる国独自の文化や伝統的なしきたりといった民族独自の文化も存在する。現地の人々を「共に働く仲間」とみた場合でも，製品を購入してもらう「消費者」とみた場合であっても，文化を慎

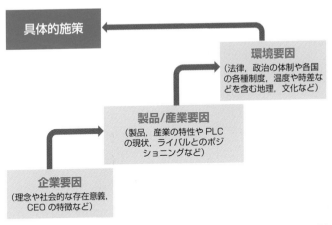

■図表 4–1–1　グローバル・ビジネスにおける環境要因（文化）の位置づけ

(出所)　大石芳裕（1993）「グローバル・マーケティングの分析枠組み」『佐賀大学経済学論集』第 26 巻第 2 号，11 頁を基に筆者作成。

■図表 4–1–2　環境要因

環境要因	強制的	半強制的	任意的
法・政治	国際条約 法律・条例	保護主義 政治形態	愛国主義
制　度	階級制度 規格	人口／教育 他のインフラ	家族関係
経　済	通貨 利子率 外国為替相場	購買力 競争 景気循環 市場規模 流通機構 メディア機構	経済発展レベル 経済発展速度 市場成長速度
地　理	温度・湿度	他の気候条件	地域
文　化	宗教的タブー 文盲率	言語 伝統的しきたり	ライフスタイル 一般慣習 消費者行動 国民性

(出所)　大石芳裕（1993）「グローバル・マーケティングの分析枠組み」『佐賀大学経済学論集』第 26 巻第 2 号，14 頁。

重に考慮しながら展開することが求められる。

4.2 言語と宗教

　ウェブ検索エンジンで世界を席巻しているのがグーグルである。しかしグーグルでもロシア市場への展開には難航した。難航の最大の理由は言語の壁であった。グーグルのように異言語への対応がとくに求められる業種でなくとも，各種言語への対応は当然のことながらグローバル・ビジネスを展開するうえで重要なポイントである。図表4-2-1は世界で5,000万人以上のネイティブ言語人口ランキングである。中国語，英語，スペイン語の3か国語を使うことができれば世界で20億人以上の人々とコミュニケーションが可能である。しかし複数の言語が理解できたとしても，母国語で書かれたパッケージと異なる言語で書かれたパッケージとでは，前者の方が人々に深い理解と親近感をもたらす。

　宗教についてもグローバル・ビジネスへの影響が強い要素である。図表4-2-2は世界ならびに地域の宗教分布図を示したものである。宗教によっては，食べられる食物に禁忌事項が存在する場合もある。会話の方法や習慣が異なることもあり，それぞれの考え方を十分に尊重しなければ海外でのビジネスは成立しない。特に食品や薬品を取り扱う企業では，現地市場の宗教分布によって進出すらできない場合がある。

　ハラル認証はイスラム教徒（ムスリム）に対して配慮した製品・サービスを提供することを証明するものである。イスラム教徒は豚や犬，教義的方式にしたがって処理されなかった動物の食肉やお酒を食することが禁じられている。この認証が付与されていなければ，イスラム教徒が基本的に製品やサービスを購入することはない。なお，国や宗派によって解釈が異なることがあることも理解しておく必要がある。またユダヤ教徒にも同様に，適切に処理された食品を意味するコーシャ認証が存在している。

　展開する製品や産業によって言語や宗教からの影響度合いは異なる。上述した食品以外にも，放送コンテンツやアパレルのデザイン，電化製品の特徴

順位	言　語	主要国	話者人口（百万人）
1	中国語	中国	1,311
2	スペイン語	スペイン	460
3	英語	イギリス	379
4	ヒンディー語	インド	341
5	アラビア語	サウジアラビア	319
6	ベンガル語	バングラデシュ	228
7	ポルトガル語	ポルトガル	221
8	ロシア語	ロシア	154
9	日本語	日本	128
10	ラフンダー語	パキスタン	119
11	マラーティー語	インド	83
12	テルグ語	インド	82
13	マレー語	マレーシア	80
14	トルコ語	トルコ	79
15	韓国語	韓国	77
16	フランス語	フランス	77
17	ドイツ語	ドイツ	76
18	ベトナム語	ベトナム	76
19	タミル語	インド	75
20	ウルドゥー語	パキスタン	69
21	ジャワ語	インドネシア	68
22	イタリア語	イタリア	65
23	ペルシャ語	イラン	62
24	グジャラート語	インド	56
25	ボージュプリー語	インド	52

（出所）　Eberhard, D.M., Gary F.S. and D.F. Charles（eds.）（2019），*Ethnologue: Languages of the World*, Twenty-second edition, SIL International, Online version: http://www.ethnologue.com（2019年8月13日アクセス）。

■図表 4-2-2　宗教の分布

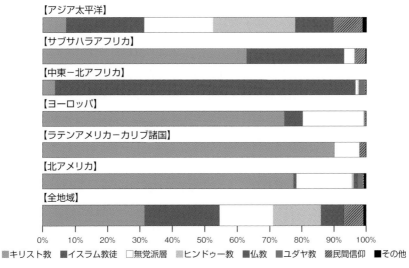

【アジア太平洋】

【サブサハラアフリカ】

【中東−北アフリカ】

【ヨーロッパ】

【ラテンアメリカ−カリブ諸国】

【北アメリカ】

【全地域】

■キリスト教　■イスラム教徒　□無党派層　■ヒンドゥー教　■仏教　■ユダヤ教　▨民間信仰　■その他

（出所）　Pew Research Center, Religion & Public Life data, Religious Composition by Country, 2010-2050 より作成。
https://www.pewforum.org/2015/04/02/religious-projection-table/（2019年9月22日アクセス）。

などに関しても言語や宗教の影響度合いが大きいとされている。言語や宗教に限らず，文化からの影響が大きい製品を文化拘束的製品という。一方で機械部品や世界標準規格が決められているものなど，特定の文化から影響を受けにくい製品を文化開放的製品という。

4.3 玉ねぎモデル

　玉ねぎモデルは文化の内容を整理し理解するのに役立つ。ここまでに示したとおり，一口に文化といっても言語や宗教をはじめとしてサブカルチャーと呼ばれるものに至るまで内容は多岐にわたる。玉ねぎモデルを示したものが図表4-3-1である。文化は玉ねぎの様にいくつかの層で構成されている。この中心に位置しているのが価値観である。価値観は我々が考えたり行動したりする際に中心的な役割を果たすものである。

　我々の価値観は国（または地域）単位で傾向が存在するとされている。そのため玉ねぎモデルでは価値観を国民文化と呼ぶ。価値観は，我々の心に組み込まれたプログラムと考えると理解しやすい。価値観は，下記に紹介するその他の要素に比べてもっとも変化しにくい部分とされている。

　価値観の傾向が表出することによって，儀礼と呼ばれる文化が出てくる。儀礼とは，挨拶や敬語の表し方，社会的・宗教的な儀礼のスタイルなどが当てはまる。結婚式の伝統的なスタイルが，国家間で異なることも儀礼の文化に該当する。日本における結婚式のスタイルが，近年欧米スタイルに移行してきているように，儀礼は価値観と比較して少しずつ変化していく傾向にある。

　ヒーローとは高く評価される人のことを意味している。この人が時には人々の行動モデルとなったりもする。儀礼よりも変化が起きやすく，時代によって該当する人物も変化する傾向にある。国民的スターが作り出すブームについても文化の一部と捉えることができる。

　最後にシンボルとは，言葉遣いや仕草，服装や髪形などの文化を意味している。シンボルは4つの層の中でもっとも変化が激しい文化の側面である。

■図表 4-3-1　玉ねぎモデル

（出所）　Hofstede, G., Hofstede, G.J. and M. Minkov（2010）, *Cultures and Organizations*:
　　　　Software of the Mind, 3rd edition, McGraw Hill, p.8.

■図表 4-3-2　文化の位置づけ

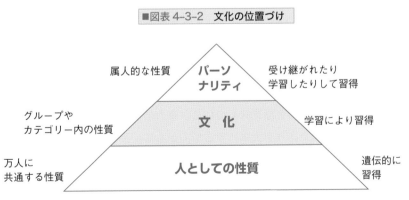

（出所）　Hofstede, G., Hofstede, G.J. and M. Minkov（2010）, *Cultures and Organizations*:
　　　　Software of the Mind, 3rd edition, McGraw Hill, p.6.

なお玉ねぎモデルでは，儀礼，ヒーロー，シンボルのことを慣行と呼ぶ。

人々は文化を学習によって習得していく。文化は集団において習得される性質があり，一人ひとりのパーソナリティや，人間誰しもが持つ性質とも異なっている（図表4-3-2）。

4.4 国民文化１：権力格差，個人主義—集団主義

オランダ人でIBMの社員であったホフステッド（Hofstede, G.）は，1968年から1978年にかけて人類の持つ価値観の特徴をいくつかの要素にまとめようと研究を行った。類は友を呼ぶという諺のとおり，働く企業によって人々の価値観は異なる。しかし，IBMという巨大な企業で働く人だけを対象に調査を実施すれば，企業の違いという影響を取り除いて人々の各国における価値観の違いが分析できると考えたのである。彼は全世界の11万6,000人を超えるIBM社員を対象に調査を実施し，価値観の傾向を分析した。そして，その結果得られた各国における価値観の傾向を国民文化と呼んでいる。国民文化は，権力格差，個人主義—集団主義，男性らしさ—女性らしさ，不確実性回避といった要素にまとめられた（Hofstede, 1980）。図表4-4-1に権力格差×個人主義—集団主義のマトリックスを示している。

権力格差（power distance）とは，「それぞれの国の制度や組織において，権力の弱い成員が権力が不平等に分布している状況を予期し受け入れている程度」と定義されている。つまり，権力の差にどのように対応するかが国によって異なるということを意味している。権力格差が大きい場合，たとえば先輩や後輩といった括りを大事にする傾向がある。後輩にとって先輩は近づきがたく反対意見を自由に述べることも難しくなりがちである。一方で権力格差が小さい場合，後輩はかなり気軽に先輩に接し，反対意見も述べることができる傾向にある。権力格差は，ラテン系諸国，アフリカ，アジアなどでは大きく，ラテン系以外のヨーロッパ諸国，北米などでは小さい傾向がある。

個人主義（individualism）を特徴とする社会では，人々は個人間の結びつきが強くない。個人的な時間や自由を重要視する傾向があり，何でも自分で

■図表 4-4-1　権力格差 × 個人主義―集団主義のマトリックス

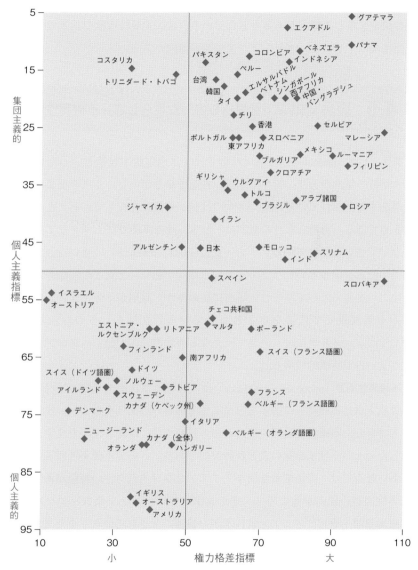

（出所）　Hofstede, G., Hofstede, G.J. and M. Minkov（2010）, *Cultures and Organizations*: *Software of the Mind*, 3rd edition, McGraw Hill, p.103.

やってみようとする人々が多い傾向にある。その一方で**集団主義**（collectivism）を特徴とする社会では，メンバー同士の結びつきが強くグループでのパフォーマンスを上げることを重要視する傾向にある。また集団での決定を信じる傾向があるとされている。個人主義は西欧や北米で強く，集団主義はアフリカ，南米，アジアで強い傾向がある。

4.5 国民文化2：男性らしさ―女性らしさ，不確実性回避

　男性らしさ（masculine）の強い社会では，自己主張や競争といった目的を人々が持つ傾向があり，給与や承認，昇進ややりがいという点を重要視して仕事をするとされている。また男女の役割が明確に存在していることも特徴的な点である。男性らしさの傾向は，日本，オーストリア，イタリア，スイスなどで強いとされている。一方で**女性らしさ**（feminine）の強い社会では他人への配慮や平等といった点を優先する傾向があり，上司との関係や同僚との協力，家族にとって望ましい場所に住めるか，雇用が十分に保証されているかを重要視して仕事をするとされている。女性らしさの傾向は，スウェーデン，ノルウェー，デンマークなどの北欧諸国で強く，アジアではタイが強いのが特徴的である。

　不確実性回避（uncertainty avoidance）は「不確実な状況や未知の状況に対して脅威を感じる程度」に関する国民文化である。心配性度数と言い換えることもできる。不確実性回避の傾向が強い社会では，曖昧さや不安をすぐに解消したいという欲求が強いことが特徴的である。一方で不確実性回避の傾向が弱い社会では，奇抜で革新的なアイデアを受け入れやすい特徴がある。不確実性回避の傾向が強いのは，ラテンアメリカ，ラテン系ヨーロッパ諸国，地中海諸国，そしてアジアでは日本が一番強いとされている。またアフリカ諸国，アングロ系と北欧諸国では不確実性回避の傾向が弱いとされている（図表4-5-1）。

　国民文化の研究は，組織の分析から価値観の傾向を明らかにしてきた。そして，近年ではこの研究成果が消費者の分析にも利用されている。人々の消

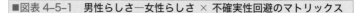

■図表4-5-1　男性らしさ―女性らしさ × 不確実性回避のマトリックス

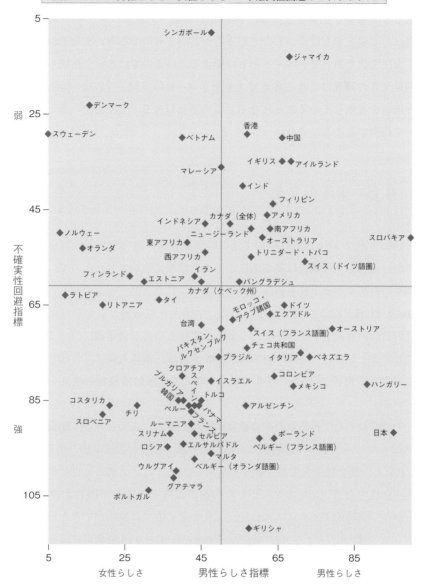

（出所）　Hofstede, G., Hofstede, G.J. and M. Minkov（2010），*Cultures and Organizations*:
Software of the Mind, 3rd edition, McGraw Hill, p.214.

費行動の背景にも国民文化の影響が存在しているといえる。

　ただし，国民文化の研究にはいくつかの課題も指摘されている。その中でももっとも多い指摘としては，1980年に発表されたホフステッドの研究成果は古く現在でも役立つものであるのかというものである。またそれに併せて国民文化であっても時代とともに変化しているのではという指摘もある。国民文化の研究はこれに応えて「長期志向―短期志向」，「放縦―抑制」という指標を追加していくことになる。この詳細は **4.9**「国民文化の進化」において紹介することにする。

4.6 東洋の文化

　1980年代までに，価値観や文化に関する各種の研究が数多く実施されてきた。それまでの調査は基本的に西洋人を対象に実施されたもので，利用されていたアンケートにも西洋人向けに開発された質問が並んでいた。ボンド（Bond, M. H.）はこの点を問題として，中国人を被験者としながら東洋人向けの質問項目にアンケートを作り変え，東洋人の持つ価値観について明らかにしようと試みた（Smith and Bond, 1998）。彼は，東洋人向けに作成した質問票を用いて世界23か国の学生，約2,300人を対象に価値観の検証を実施している。

　その結果として得られたのは道徳的規律，統合，人間らしさ，儒教的ダイナミズムという4つの価値観である。その後，道徳的規律は権力格差（国民文化）と，統合は個人主義―集団主義（国民文化）と，人間らしさは男性らしさ―女性らしさ（国民文化）とその内容が重複することが明らかになった。しかし，儒教的ダイナミズムは国民文化の考え方では説明ができないものであった。儒教的ダイナミズム（confucian dynamism）という価値観には孔子の考え方が影響を与えている。儒教的ダイナミズムが強い場合，人々は持続性（忍耐），倹約，地位に応じた序列関係と序列の順守，恥に敏感といった傾向がある。その一方で儒教的ダイナミズムが弱い場合，人々は贈り物のやりとりを頻繁にしたり，伝統を尊重しようとしたり，面子の維持を重要視したり

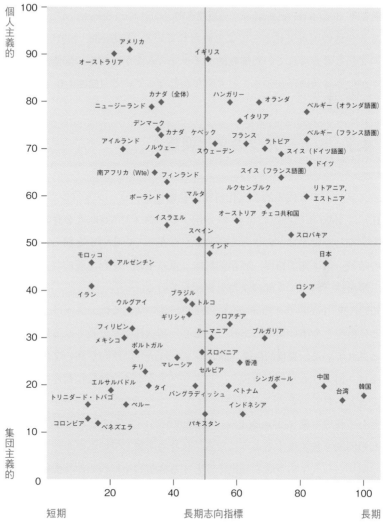

長期志向は忍耐や倹約といった将来のための努力を志向する社会を意味しており，短期志向は将来よりも過去や現在を志向する社会を意味している。長期志向は西アジアやヨーロッパ圏の国々で多く見られ，短期志向はカナダ，ニュージーランド，アメリカ，中東，アフリカ，南米の国々に多いのが特徴である。

（出所）　Hofstede, G., Hofstede, G.J. and M. Minkov（2010），*Cultures and Organizations*: *Software of the Mind*, 3rd edition, McGraw Hill のデータを基に筆者作成。

する傾向がある。

　国民文化の考え方では説明ができなかった儒教的ダイナミズムはその後，長期志向（long-term orientation）―短期志向（short-term orientation）と名前を変えて5つ目の国民文化としてまとめられている（Hofstede，1991）。当初，東洋の文化と考えられていた儒教的ダイナミズムだが，同様の価値観を持った人々が世界各地に存在することも明らかとなっている（図表4-6-1）。

4.7　シュワルツの文化調査

　イスラエルでも代表的な文化研究が登場している。シュワルツ（Schwartz，S. H.）は1990年代初頭に世界49か国，のべ約3万5,000人を対象にした調査を実施し，世界でどのような価値観が存在しているのかを明らかにした。その結果，彼は知的自律，感情的自律，保守主義，平和主義的コミットメント，階層性，調和，支配の7つを提示している。

　知的自律（intellectual autonomy）の傾向が高い文化では，人々はさまざまなことに熱中しやすい傾向にあり，好奇心，創造性が重要視される価値観を持つとされている。**感情的自律**（affective autonomy）の傾向が高い文化において人々は，何よりも喜びを重視し，ワクワクするような変化に富んだ生活を志向するとされている。

　そして**保守主義**（embeddedness）の傾向が高い文化になるほど，周囲の集団との同調を重要視するようになる。自身の所属しているグループや，友人との関係から人生の意味を見出そうとする価値観を持つのが特徴的である。

　平和的コミットメント（egalitarianism）の傾向が高い文化では，他者への配慮が重要視されることが特徴的である。とくに人々の活動において常に，平等，正義，社会的責任，援助，誠実さなどが志向される。

　階層性（hierarchy）の傾向が高い文化において，人々は上下関係を重要視して行動しようとする。所属組織や社会における権力や役割が明確であり，人々は自身の所属している階層を意識して活動することが特徴的である。

　調和（harmony）の傾向が高い文化では，ありのままの世界を受け入れよう

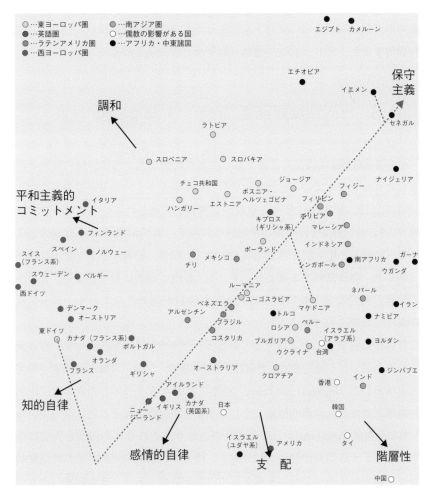

■図表 4-7-1　シュワルツの文化研究

上図は調査結果に基づく各国の位置づけを示している。シュワルツが明らかにした7つの文化傾向であるが，内容をよく考えてみるとホフステッドの開発した国民文化の考えと重複する部分も多いのが興味深いところである。調査の対象者が全く異なるのにも関わらず，類似した文化傾向がみられる点がみられるのは単なる偶然なのだろうか。

（出所）　Schwartz, S.H.（2006），"A Theory of Cultural Value Orientation: Explication and Applications," *Comparative Sociology*, Vol.5, Issue 2-3, p.156 に基づき一部加筆。

とする価値観を持つことが特徴的である。変化や開発といったことにはあまり関心がなく，理解や感謝という考え方を強く持つ傾向がある。

支配（mastery）の傾向が高い文化では，自然環境や社会環境を目標達成のために支配し現状からの変化をもたらそうとする価値観を持っていることが特徴的であり，野心，成功，勇気，競争などが志向される。

4.8 世界価値観調査 (World Values Survey)

世界価値観調査は現在，世界でもっとも大規模な人々の価値観の傾向を調査したものとなっている。世界中の社会科学者や多くの企業が協力しながら1981年以降，何回かに分けて継続的に調査が実施されている。これまでに世界人口の約90％を占める国や地域において，延べ40万人以上を調査している（2019年8月現在）。調査項目も膨大で，経済，宗教，ジェンダーに対する考え方，健康に対する考え方，モラル，政府と政治に対する姿勢，仕事への取組み態度など多岐にわたる人々の価値観が調査されており，データはWeb上で公開されている。

世界価値観調査の中心研究者であるインゲルハート（Inglehart, R.）は，調査結果を用いて伝統的権威，世俗的・合理的権威，生存，幸福という4つの文化を抽出した（Inglehart and Baker, 2000）。図表4-8-1に示したとおり，伝統的権威と世俗的・合理的権威，そして生存と幸福はそれぞれ対になっている。

伝統的権威（traditional）とはその名のとおり，これまでの伝統を大切に尊重しようとする傾向が強い文化である。権力への敬意や宗教，そして伝統的な家族観や親子のつながりを重要視するのが特徴である。また国家へのプライドや国家主義的な観点を持っている傾向がある。一方で世俗的・合理的権威（secular rational）は，伝統的権威とは正反対である。離婚や中絶，安楽死などを比較的受容する傾向にあるとされている。

生存傾向（sarvive）のある社会において人々は，自身の経済状況や安全性を重要視するのが特徴的である。相対的に仲間同士で信頼関係を築くことも少なく，忍耐もしない傾向があるとされている。その一方で幸福（self-

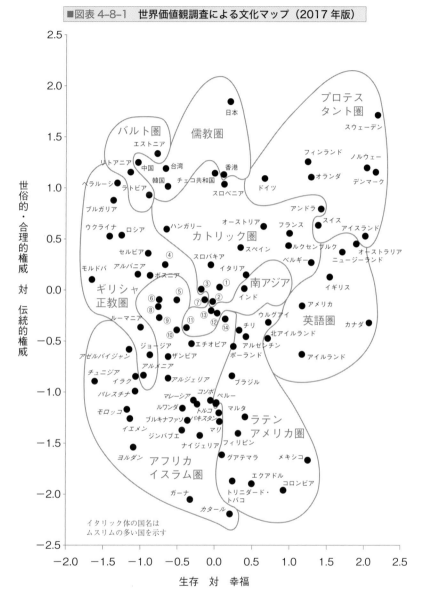

①ギリシャ　②ポルトガル　③クロアチア　④モンテネグロ　⑤バーレーン　⑥レバノン　⑦マケドニア
⑧カザフスタン　⑨インドネシア　⑩キルギスタン　⑪キプロス　⑫タイ　⑬ベトナム　⑭南アフリカ

（出所）　World Values Survey ウェブページ，http://www.worldvaluessurvey.org/（2019
　　　　年 8 月 6 日アクセス）。

expression）傾向のある社会において人々は，自身のことだけでなく他者に対する働きかけを重要視するのが特徴的である。環境保護や外国人の積極的な受け入れ，ジェンダーに対する寛容な考え方をする傾向にあるとされている。

　世界価値観調査がこれまでの文化研究と異なる最大のポイントは，価値観の「変化」を捉えようとしている点である。これまで価値観は基本的に変化しないという前提で捉えられてきたが，世界価値観調査ではその動態性解明を試みている。

4.9　国民文化の進化

　国民文化の考え方は，1980 年代に権力格差，個人主義―集団主義，男性らしさ―女性らしさ，不確実性回避という 4 つの指標で登場した。その後，長期志向―短期志向という指標が追加されている。また，シュワルツの文化調査でも国民文化と類似の文化が発見され，両者が実際に関係性の深い指標であることが明らかになっている。

　なお 1990 年代前半にかけて，オランダ人のトロンペナルズ（Trompenaars F.）も世界における文化の傾向を研究した（Trompenaars and Hampden-Turner, 1997）。また，1990 年代末には文化とリーダーシップスタイルの関係を分析した GLOBE 調査が実施されている（House et al., 2004）。50 か国の約 3 万人を対象にしたトロンペナルズによる研究においても，62 か国の約 1 万 7,000人を対象にした GLOBE 調査においても驚くべきことに国民文化指標の存在が再確認されている。

　しかし，この結果に待ったをかけたのがブルガリア人のミンコフ（Minkov M.）である。彼は，世界価値観調査のデータを利用しながら各国における文化の傾向を研究していた。そして 2007 年，国民文化の指標では説明ができない新たな傾向を発見したのである。それは「放縦―抑制」と呼ばれる指標であった。それ以降，6 つ目の国民文化として「放縦―抑制」が追加されている（Minkov and Hofstede, 2011（図表 4-9-1））。

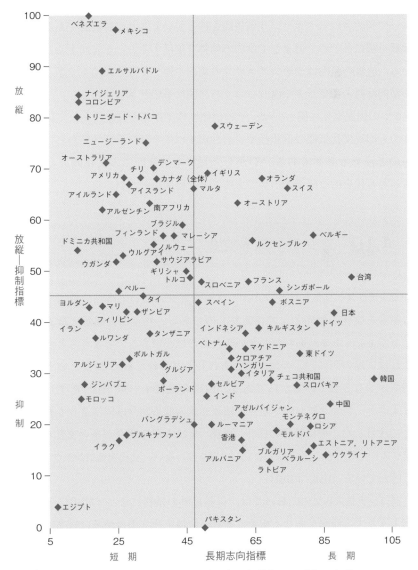

■図表 4-9-1　放縦—抑制 × 長期志向—短期志向のマトリックス

（出所）　Hofstede, G., Hofstede, G.J. and M. Minkov（2010）, *Cultures and Organizations*: *Software of the Mind*, 3rd edition, McGraw Hill, p.287.

放縦（indulgence）の傾向が強い社会では，人々は人生を楽しみ，楽しい時間を過ごすために必要な欲求に開放的であるとされている。一方で抑制（restraint）の傾向が強い社会では，人々は各自の行動が社会的なルールによって制約されるべきという価値観を持っていることが特徴的である。欲求は最小限にとどめ，慎ましく倹約の精神で生活することを志向するとされている。放縦の傾向はラテンアメリカの北部や西アフリカの国々で多く，抑制の傾向は西・南アジアや西ヨーロッパ諸国に多いとされている。

6つの国民文化に関しては，その信頼性検証が未だに続けられている。現在でも国民文化指標の信頼性や妥当性がすべて十分に確認されたわけではないので注意も必要である。しかし，ビジネス分野での文化研究としてはもっとも代表的な研究の一つであることには間違いない。

4.10 コンテクスト文化

コンテクスト文化とは，コミュニケーションにおいて暗黙の情報を読み取る割合を文化の傾向として捉えたものである。熟年の夫婦が「ねぇ，あれとってよ」,「あぁ，あれね」という会話で以心伝心してしまうことがある。これは夫婦の間に○○の状況で「あれ」と言われたら △△ だという暗黙の情報が共有されているからである。1970年代にホール（Hall, E. T.）は，コミュニケーションにおいて暗黙の情報を読み取る割合は国によって異なることに注目した。彼は暗黙の情報（文脈）を読み取る割合が多い文化を高コンテクスト文化，その割合が少ない（文脈を作らない）文化を低コンテクスト文化と呼んでいる（Hall, 1976）。

高コンテクスト文化においては，言語以外の情報によって相手に意味を伝えようとする傾向があり，相手に推測の余地を残す場合が多い傾向にある。さらに建前を重んじるという点も特徴的である。コミュニケーションの手段についても，言語以外の情報を相手に伝えるために可能な限り直接顔を合わせることが重要だと考える傾向がある。一方で低コンテクスト文化においては，必要な情報のほとんどを言語によって伝達する傾向にあり，相手に推測

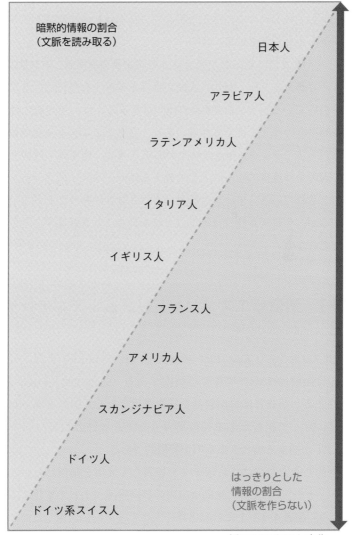

■図表 4-10-1　コンテクスト文化

高コンテクスト文化

暗黙的情報の割合
（文脈を読み取る）

日本人

アラビア人

ラテンアメリカ人

イタリア人

イギリス人

フランス人

アメリカ人

スカンジナビア人

はっきりとした
情報の割合
（文脈を作らない）

ドイツ人

ドイツ系スイス人

低コンテクスト文化

（出所）　Hall, E.T.（1976）, *Beyond Culture*, Anchor Books ならびに Rosch, M. and K.G.
Segler（1987）, "Communication with Japanese," *Management International Review*,
Vol.27, No.4, p.60 を基に筆者作成。

させる余地をできるだけ少なくする。そのため本音や正直さを重要視するのが特徴的である。コミュニケーションの手段についても，電話やメールで重要な案件を済ませてしまう場合があるとされている。図表4-10-1では各国の傾向を示している。ここに示したとおり，日本はとくに高コンテクスト文化の傾向があるとされている。

コンテクスト文化に対応した考え方として**アナログ視点**，**デジタル視点**といった考え方がある（林，1994）。人間が世界を理解する際には，さまざまな境界線を引いている。**アナログ視点**の傾向がある人々は，境界線の外側と内側を連続的なものとして捉える傾向があり，高コンテクスト文化で多いとされている。一方で**デジタル視点**の傾向がある人々は，境界線の外側と内側を区別して両者を非連続的なものとして捉える傾向があり，低コンテクスト文化で多いとされている。アナログ時計は1秒と2秒の移り変わりまで表現しようとするが，デジタル時計は秒単位で時を刻むことを想像すると分かりやすいかもしれない。

4.11 消費者エスノセントリズム・アニモシティ

消費者エスノセントリズム（CET：Consumer Ethnocentrism）とは，外国製品ではなく自国製品を好む消費者の傾向である（Shimp and Sharma，1987）。CETが高まると消費者は自国製品を好むだけでなく，国際展開されている外国製品に対して拒否反応を持つ場合もある。周囲の視線や同調圧力によってCETが高まる場合もあるのが特徴的である。

CETが生じる背景には，自国産業を保護して雇用を確保したいという思いがある。そのためCETの傾向は国内の経済状況によって変化すると考えられている。図表4-11-1に自国出身の人材を優先的に活用したいと考える意識の割合をランキング形式にして示している。雇用の確保はCETを表す一部分でしかないものの，調査年によって値に変化があることが特徴的である。CETは，国内・海外商品の購買意図に影響を与えると考えられている。

また，**アニモシティ**（animosity）とは特定の国に対する敵対心を意味してい

「仕事が少ない場合，雇用者は外国人労働者よりも自国の人を優先すべきだ」
という質問に対して「賛同する」を選択した人の割合

順位	国名	2014-2010年の調査	2009-2005年の調査	2004-1999年の調査	1998-1995年の調査
1	ヨルダン	92.5%	98.2%	92.4%	-
2	マレーシア	89.7%	86.1%	-	-
3	台湾	87.9%	91.0%	-	90.0%
4	アゼルバイジャン	86.0%	-	-	82.5%
5	カタール	85.8%	-	-	-
6	イエメン	85.5%	-	-	-
7	エジプト	85.0%	97.8%	98.6%	-
8	ガーナ	84.6%	85.1%	-	-
9	ジョージア	83.4%	85.4%	-	80.9%
10	リビア	82.8%	-	-	-
11	アルメリア	82.2%	-	-	60.0%
12	トリニダード・トバコ	82.2%	83.5%	-	-
13	香港	81.7%	70.8%	-	-
14	コロンビア	80.3%	-	-	-
15	キプロス	80.1%	78.4%	-	-
16	フィリピン	79.5%	-	85.9%	75.2%
17	エストニア	77.7%	-	-	45.3%
18	カザフスタン	77.2%	-	-	-
19	モロッコ	75.2%	82.2%	95.9%	-
20	ブラジル	74.3%	81.0%	-	88.0%
21	ウクライナ	73.8%	67.0%	-	56.4%
22	ロシア	72.8%	78.8%	-	70.5%
23	パキスタン	72.3%	-	47.8%	-
24	ポーランド	72.1%	78.6%	-	88.3%
25	ジンバブエ	71.4%	-	77.1%	-
26	ルーマニア	71.3%	61.1%	-	71.8%
27	インド	70.9%	74.2%	76.4%	77.2%
28	ナイジェリア	70.9%	-	79.8%	82.1%
29	エクアドル	70.4%	-	-	-
30	ペルー	70.4%	79.5%	70.8%	81.8%
31	韓国	70.3%	78.8%	81.8%	89.5%
32	スロベニア	69.3%	72.7%	-	79.6%
33	シンガポール	68.5%	-	81.8%	-
34	チリ	66.7%	79.4%	81.6%	71.1%
35	ウルグアイ	65.6%	69.5%	-	82.0%
36	ベラルーシ	64.8%	-	-	69.6%
37	中国	62.9%	54.7%	64.0%	73.3%
38	タイ	62.3%	60.7%	-	-
39	トルコ	62.3%	61.9%	64.6%	80.1%
40	日本	62.1%	58.4%	56.2%	55.9%
41	メキシコ	60.8%	73.3%	78.3%	73.3%
42	クウェート	60.2%	-	-	-
43	ハイチ	57.8%	-	-	-
44	キルギスタン	54.4%	-	71.7%	-
45	ルワンダ	52.8%	71.6%	-	-
46	スペイン	52.8%	55.7%	54.2%	70.4%
47	アルゼンチン	50.5%	70.1%	72.6%	75.5%
48	オーストラリア	50.5%	40.8%	-	44.1%
49	アメリカ	50.0%	55.0%	48.6%	58.9%
50	南アフリカ	49.9%	77.3%	78.3%	80.4%
51	ニュージーランド	49.5%	49.0%	-	48.4%
52	ウズベキスタン	43.9%	-	-	-
53	ドイツ	41.3%	53.9%	-	-
54	オランダ	35.9%	38.3%	-	-
55	スウェーデン	14.3%	11.7%	11.1%	24.1%

（出所）世界価値観調査（World Values Survey）のデータを基に筆者作成。
http://www.worldvaluessurvey.org/（2019年8月6日アクセス）。

る（Klein et al., 1998）。国家間の歴史的な背景から，そして政治経済の状況から人々のアニモシティ感情が発生することが多いとされている。国家間の突発的な事件が一時的にアニモシティを高めることもある（Lee and Lee, 2013）。

4.12 ま と め

　文化は多様な要素を含む概念である。玉ねぎモデルの箇所で述べたとおり，文化には価値観から，慣行，そして CET やアニモシティに至るまで多様な要素が含まれており，その範疇は膨大である。これらを理解して異文化コミュニケーションを適切に実施できるかどうかがグローバル・ビジネスの成否を分けることになる。組織内に文化的背景の異なる人材が存在していた場合，相互の文化的背景を理解しなければ相手とコミュニケーションすら成立しない状況にもなり得る。また文化によっては，最大限の配慮をしなければ製品が購買されなくなる場合もある。自身の生まれ育った環境で「当然」と考えられている考え方や行動を疑ってみることが異文化理解のスタート地点である。本章で紹介した過去の文化研究が，異文化理解への足掛かりとなるだろう。

第 5 章

グローバル・ビジネスに
おける組織と戦略

5.1 はじめに

　一般に，グローバル・ビジネスの担い手は多国籍企業と呼ばれる巨大企業である。ただし，多国籍企業とそうでない企業とを区別する基準は必ずしも明確ではない。

　第1章で述べたが，ハイマーは1950年代当時の米国企業における対外投資状況を分析し，対外間接投資（証券投資ともいう）のみを行う企業よりも，販売拠点や生産拠点，R&D拠点，金融拠点を中長期的に国外へ配置するような「対外直接投資を行う企業」の方がより重要性が高いとして，そのような企業こそまさに多国籍企業であると規定した。ただし，この捉え方では企業規模や海外売上高比率といった指標が必ずしも考慮されないため，中小企業でもいくつかの機能（たとえば製品開発や部品・原材料の調達，生産）が国境を越えていれば多国籍企業と呼ぶことができる（*Column* 5.1 参照）。

　また，バーノンをはじめとする，いわゆるハーバードグループのように世界連結売上高や利益で一定の基準（米国の経済雑誌フォーチュン（*Fortune*）誌で毎年発表される企業ランキングに掲載されること）を満たすといった基準で多国籍企業を認識する方法もあり，ハイマーの方法では考慮されなかった指標が盛り込まれているが，何か国に進出するか，生産拠点をどの程度国外に配置するか，などの指標であいまいな点が残されており，決定的な多国籍企業の規定方法になっているとはいえない。

　結局のところ，多国籍企業をそうでない企業（たとえば，国内のみで事業を行う企業）と明確に区別することは依然として難しい。しかしながら，多国籍企業は世界経済に及ぼす影響が絶対的に大きいという点で非常に重要な存在であるといえる。

　そこで，本章では多国籍企業を視軸として，グローバル・ビジネスに関する知見の蓄積を「組織」と「戦略」という2つの視点で説明する。

Column 5.1 ● 国外市場での売上高が国内市場よりも高い中小企業

　中小企業については**第 11 章**「中小企業のグローバル・ビジネス」でより詳しく取り上げるが，中小企業といえども巨大企業と同様に国外での売上高が高いところは少なくない。とくに日本の中小企業を一つ取り上げると，奈良県大和郡山市の中谷酒造株式会社（1853 年創業，資本金 1,000 万円，従業員 5 名，以下では中谷酒造）は興味深い。

　中谷酒造は，1995 年に中国の天津で生産拠点「天津中谷酒造有限公司」（資本金 1 億 3,358 万円，従業員数 50 名）を設立し，現在は中国の清酒市場でトップシェアを獲得している。また，それだけではなく北京や上海，広州など主要 10 都市に販売拠点を設置し，1,000 店以上の日本食レストランと取引を行っている。白鶴や月桂冠をはじめとする灘や伏見の大手酒造会社とはもちろん比較にならないが，中谷酒造は中小企業としてかなり早い段階で中国に本格的な事業展開を行っている。

　中谷酒造 6 代目当主の中谷正人氏は，かつて自動車メーカーや総合商社に勤務していたが，家業である中谷酒造の経営が悪化していたことから一念発起して家督を継承した。商社勤務の経験で中国語が堪能であり，また当時の中国では米の価格が日本の 10 分の 1 であったため，同社は中国での清酒生産を検討するようになった。中国では，良質な酒造好適米を安価に得ることができ，また原材料が安価であるために精米歩合（米を磨く割合）を高くしても価格とコストのバランスを取りやすい。さらに，現地生産を行うことで関税や輸入にかかる通関手数料や送料，保管料がかからないため，日本で同等の日本酒を購買するよりも消費者の満足度が高い。

　中谷酒造における世界連結売上高の大半は中国からもたらされており，事業規模でも知名度でも中国の方が日本をはるかに凌駕している。今後，日本のあらゆる産業において国内市場と国外市場との関係が中谷酒造と同様の構図になる中小企業はさらに増える可能性がある。

5.2 グローバル・ビジネスにおける組織

多国籍企業がグローバルに事業を展開していく上で，その組織と戦略のそれぞれを整備し，また両者の結びつきを高めることは非常に重要である。かつてチャンドラー（Chandler, Jr., A. D.）は「組織は戦略に従う」と述べ，またアンゾフ（Ansoff, H. I.）はチャンドラーとは逆の「戦略は組織に従う」と述べた。どちらの主張も，企業において組織と戦略が相互に作用している構図を部分的に切り取ったということができるが，それぞれの分析視角から当時における企業の現実を鋭く指摘したという点でそれほど乖離した議論ではなく，組織と戦略との相互作用を考慮するとむしろ親和性が高いと考えられる。

多国籍企業における組織と戦略についてはそれぞれで研究の蓄積があることから，以下ではまず組織について述べ，続いて戦略について述べる。

5.2.1 国際事業部制

ある企業が国外市場に初めてアクセスしようとするとき，商社や現地の輸入代理店に輸出業務（送り状や通関書類の作成など）を委託すれば自社で煩雑な作業を行わなくても済むが，自社に輸出時のノウハウや情報が蓄積しにくいため，中長期的にみると自前で輸出業務に携わるのが望ましい場合がある。そこで，図表 5-2-1 のように当該企業はすでにある事業部の中に「国際事業部」を設け，貿易全般（輸出と輸入）を専門的に取り仕切るようになる傾向がある。

5.2.2 ストッポード=ウェルズ・モデル

英国の国際経営研究者であるストッポードとウェルズ（Stopford, J.M. and Wells, L.T.）は，多国籍企業の成長と当該企業親会社における組織形態の発展との関係を明らかにしようとした。より詳しく述べると，多国籍企業の親会社内における国際事業部の役割や当該企業全体で採用すべき組織構造は，図表 5-2-2 のように「製品多角化度」と「海外売上高比率」の高低によっ

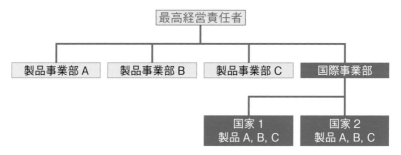

■図表 5-2-1　国際事業部の基本的な組織構造

（出所）　Hill, C. W. L.（2011）, *International Business: Competing in the Global Marketplace*, 8th edition, McGraw-Hill, p.439.

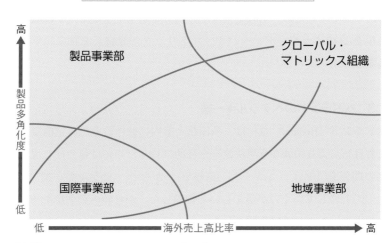

■図表 5-2-2　ストッポード=ウェルズ・モデル

（出所）　Stopford, J. M. and L. T. Wells（1972）, *Managing the Multinational Enterprise/ Organization of the Firms and Ownership of the Subsidiaries*, Basic Books, p.65 を参考に筆者作成。

て異なるということである。

多国籍の親会社における国際事業部の役割をさらに高めようとするとき，自社が所有する製品のバリエーションを重視するか，自国以外の海外市場のカバレッジを重視するかはトレードオフになりがちであると考えられている。なぜなら，経営資源の制約の点でも組織構造の適切性の点でも，製品志向と地域志向の一挙両得は非常に難しいからである。

「製品事業部制」を採用してさまざまな製品を特定の国・地域へ集中的に展開するか，「地域事業部制」を採用して特定の製品を世界中のさまざまな地域（たとえば欧米亜）へ広範に展開するかは，自社の製品多角化度と海外売上高比率によって変わり得る，とストッポードらは述べている。

製品事業を広域化した多国籍企業は，「グローバル製品事業部制組織」を採用することがある。これは，国内事業部と国際事業部とが明確に分離された組織構造であり，本国の国内事業は個別の製品事業部で管理し，また国際事業はグローバル製品事業部が全般的に管理する（図表5-2-3参照）。

ただし，本来は製品のバリエーションと市場導入地域の広範さのどちらも非常に重要であるため，当該企業はその両方を追求できるような組織として図表5-2-2のような「グローバル・マトリックス組織」を設立してそれに対処すると述べている。

5.2.3 ヘドランドのヘテラルキー論

ヘドランド（Hedlund, G.）は，多国籍企業内における意思決定権限の階層性に着目し，より柔軟な意思決定を全社的に行うためには親会社と現地子会社との関係を「ヒエラルキー型（階層型）」から「ヘテラルキー型（ネットワーク型）」にしていくのが望ましいと提唱した。かれのヘテラルキー論における要点は以下の8つに集約される。

①ヘテラルキー内の秩序は時間と環境にしたがってさまざまに変化する。
②その秩序は必ずしも一過性のものではなく，しばしば循環性を有する。
③ヘテラルキー内におけるユニット間の関係は，多次元性を反映して何種類も存在する。

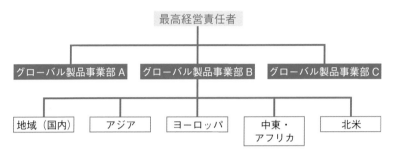

■図表 5-2-3　グローバル製品事業部の組織構造

（出所）　Hill, C. W. L.（2011）, *International Business: Competing in the Global Marketplace*, 8th edition, McGraw-Hill, p.441.

Column 5.2 ● 多国籍企業における企業文化

　国籍や民族によって文化が異なるように，企業もそれぞれの文化を有している。一般に，企業文化は「ある企業の構成員に共有される価値観と行動パターン」と定義される。

　企業文化は，当該企業の親会社が立地する本国の文化と必ずしも一致しているわけではない。カリスマ性のある創業者がその企業に影響をもたらしてきたことで生まれた文化もあるだろうし，制度疲労により新しい企業文化を生み出す必要性が生じて出てきたものもあるだろう。強固な企業文化の形成は，当該企業が長期にわたり内部環境や外部環境の変化に対応してきた結果であるといえる。

　本国に立地することが一般的な親会社であっても企業文化を適切に認識することは難しい。ましてや，親会社よりも内部・外部環境の複雑さが増す現地子会社の企業文化を理解するのはますます難しい。

④ヘテラルキーは全体的な結合を特性として持っており，主に規範的統合に
　よって単なる無秩序とは異なる。

⑤組織の中心は1つではなく多く存在する。

⑥現地子会社のマネジャーにも戦略的役割が与えられている。

⑦組織の境界線がしばしば曖昧になり，柔軟な企業統治が行われる。そして
　社内的なネットワークだけでなく，対外的なネットワークも柔軟に構築さ
　れる。

⑧ヘテラルキーの統制では，公式的な統制よりも，企業文化や経営スタイル
　といった非公式的な規範的統制がよく利用される。

5.3　グローバル・ビジネスにおける戦略

　多国籍企業を対象としてグローバル・ビジネスを理解する際に考慮しなけ
ればならないのは，当該企業内の親会社と現地子会社との関係，いわゆる親
子関係である。グローバル・ビジネスに関する考察の多くは親子関係の分析
であるといっても過言ではないため，その流れを順に押さえておく必要があ
る。

　パールミュッター（Perlmutter, H. V.）のEPG（後にRが加わりEPRG）フ
レームワークは，親子関係を理解する起点として非常に重要である。パール
ミュッター登場以前において，多国籍企業の規定方法は定量的なものが支持
されていた。たとえば，前述のバーノンをはじめとする，いわゆるハー
バードグループのように売上高や利益で一定の基準（たとえばFortune 500に
掲載されていること）を満たすといった方法が当時の主流であった。それに
対してパールミュッターは，経営者の国際志向性に関するパースペクティブ
を基準に組み入れて，図表5-3-1のように多国籍企業を「エスノセント
リック」，「ポリセントリック」，「リージョセントリック」，「ジオセント
リック」というように，多国籍化の方向性によって4段階に区分した。それ
ぞれの頭文字をとってEPRGフレームワークと呼ばれるこのような分析視角
は，ヘドランドのヘテラルキー論とともに，多国籍企業における国境を越え

エスノセントリック

基本的に自国のみ

ポリセントリック

自国と特定の国・地域が焦点

リージョセントリック

地理的地域が焦点

ジオセントリック

世界市場全体が焦点

（出所）　筆者作成。

た戦略の類型化を行ったバートレットとゴシャール（Bartlett, C. A. and Ghoshal, S.）に大きな影響を及ぼしたと考えられている。

そのバートレットとゴシャールは，多国籍企業内での親会社と現地子会社との意思決定について以下のような4つの分類を行っており，それぞれに特徴があると述べている（図表5-3-2，図表5-3-3参照）。

①マルチナショナル戦略：親会社と現地子会社の意思決定が分散
②グローバル戦略：大半の意思決定が親会社に集中
③インターナショナル戦略：主要な意思決定は親会社，他は現地子会社
④トランスナショナル戦略：意思決定が親子間で双方向

なお，**第6章**ではかれらの分析枠組みのうちグローバル戦略に基づき，グローバル・ブランド・マネジメントにおけるスウェーデンの自動車製造企業 Volvo の親子関係が詳細に論じられる。

5.3.1　マルチナショナル戦略

マルチナショナル戦略では，意思決定が親会社と現地子会社とで自立分散している状態であり，多国籍化の初期に採用されることがある。進出先での外部環境が本国と著しく異なる場合，現地で頻繁に起こる問題を迅速に解決するため，当該現地子会社は親会社からの意思決定を単に受容するよりもむしろ自らの主体的な意思決定を優先する傾向がある。ただし，この状態は世界中に経営資源を張り巡らせている多国籍企業としての優位性を十分に生かしているとはいい難い。

5.3.2　グローバル戦略

多国籍化がある程度進むと，多国籍企業としての優位性を生かすために親会社が現地子会社に対して影響力を行使しようとする。これがバートレットとゴシャールのいうグローバル戦略であり，言い換えれば「中央集中型」の戦略である。これにより，多国籍企業全体としての意思決定構造はよりシンプルになり，迅速な意思決定を行いやすくなると考えられているが，一方で現地子会社の権限や自主性を軽視するという問題も起こり得る。このような

■図表 5-3-2　バートレット=ゴシャールによる多国籍企業の親子関係①
（日本企業の場合）

マルチナショナル戦略

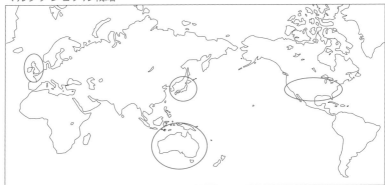

親会社と各現地子会社が分散

グローバル戦略

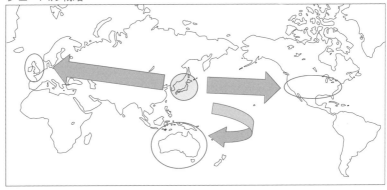

ほとんどの意思決定が親会社主導

（出所）　筆者作成。

現象は NIH（Not Invented Here）症候群と呼ばれているが，現地子会社に優れた技術やノウハウが蓄積されているとしても親会社がその意義を認めないような態度を取る場合，多国籍企業としての優位性を十分に生かしきれないという問題が発生する可能性がある。

5.3.3　インターナショナル戦略

　仮にグローバル戦略を採用する企業であっても，他の多国籍企業との競争激化によってその態度を改めざるを得なくなると考えられている。現地子会社に分散している競争優位性を親会社の経営資源と連結させなければ，多国籍企業同士での国際寡占間競争に生き残ることが難しくなってくる。そこで，当該企業全体に関わる重要な意思決定については親会社に集中させ，各国での意思決定についてはそれぞれの現地子会社に委ねる形で国際分業を行うようになる。バートレットとゴシャールは，これをインターナショナル戦略と呼んだ。

5.3.4　トランスナショナル戦略

　現代における多国籍企業間の競争は，インターナショナル戦略以上のものを要求するようになっている。ある国で生まれた技術は他国でも競争優位性を持つかもしれない。ある国で発見された販売ノウハウは多国籍企業全体で共有するとより効率を高めるかもしれない。そのような問題意識を持つ企業は親会社と現地子会社間に潜む主従関係を意図的に解消して相互依存的に行動する可能性がある。バートレットらは，このようなポリシーに基づく戦略をトランスナショナル戦略と呼び，多国籍企業にとって理想的な状態であると唱えた。

5.4　メタナショナル経営

　トランスナショナル戦略論は，多国籍企業におけるグローバル・マーケティングの立案や実践に一定の影響を与えてきたが，一方で 1990 年代以降

インターナショナル戦略

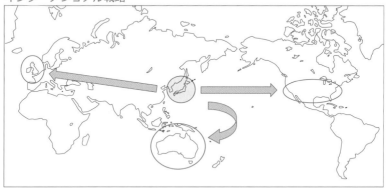

意思決定権限の一部を現地子会社に移譲するが主要な意思決定は親会社主導

トランスナショナル戦略

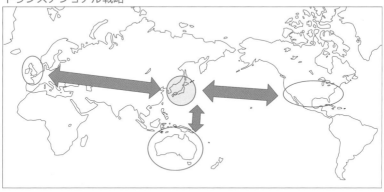

親子間で双方向的な意思決定

（出所）　筆者作成。

に見られるようになった次のような現象を説明するには十分でなかった。

　まず，トランスナショナル戦略論では技術やノウハウ，アイデアといった知識フローの複雑化を十分に考察できないという点が挙げられる。同論では，親子間のパワーバランスに主眼が置かれており，各現地子会社で生まれる知識の相互移転についてはほとんど検討されてこなかったといわざるを得ない。

　また，トランスナショナル戦略論では自社における既存の組織構造を基盤とした議論に限定され，戦略提携による他社資源の獲得という視点が欠落するという点が挙げられる。1990年代以降は，経営資源をすべて自前で保有するよりもむしろ必要な一部の経営資源を環境の変化に応じて外部から調達するという考え方が支持されている。直接の競合関係にある企業であっても「お互いに利用価値がある限り」提携を結ぶ可能性がある。

　そのような現象を受けて，ドッズら（Doz, Y., Santos, J. and Williamson, P.）は，多国籍企業が親会社を基盤とした競争優位性のみに依存するのではなく，それを超えて現地子会社や提携企業（場合によっては競合企業）を含めたグローバルな優位性を含めて把握しようとする「メタナショナル経営（metanational management）」を提唱した（図表5-4-1参照）。その捉え方を端的に表現すると，「自前主義・自国中心主義・先進国至上主義」から脱却した経営様式である。現代において，新たなイノベーションの機会あるいは重要な経営資源やケイパビリティがいかなる国や地域（先進国／開発途上国），あるいはいかなる企業（自社／提携先企業や競合他社）に存在しても不自然ではない。現代の多国籍企業においては，バートレットとゴシャールがいうようなグローバル戦略（浅川は図表5-4-1のように「遠心」と呼んでいる）やトランスナショナル戦略（浅川のいう「求心」）のみならず，当該企業の親会社がまるでオーケストラの指揮者のように世界中にある現地子会社や他社との結びつきを調整すること（浅川のいう「オーケストレーション」）が求められている。

5.5　グローバル・マーケティング

　これまで述べてきたように，多国籍企業における親子関係や現地子会社間

■図表 5-4-1　親子関係および現地子会社間関係による知識フローの方向性

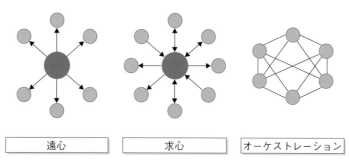

遠心	求心	オーケストレーション

（出所）　浅川和宏（2006）「メタナショナル経営論からみた日本企業の課題 グローバル R&D マネジメントを中心に」独立行政法人経済産業研究所『RIETI ディスカッション・ペーパー』06-J-030, 22 頁。

Column 5.3 ● グローバル・マーケティングにおける標準化・適合化論争の系譜

1960 年代（標準化＞適合化）
- 広告の欧州域内標準化 (Elinder 1961, Dichter 1962)
- 広告以外のマーケティング要素への敷衍 (Keegan 1969, Buzzell 1968)

1970 年代（標準化＜適合化）
- 各国市場の特性分析 (Wind and Douglas 1971, Britt 1974)

1980 年代（標準化＞適合化）
- マーケティング諸要素（とくに製品）の完全標準化 (Levitt 1983)
- 多方面からの批判
  Kotler（1986）や Fisher（1984）…各国市場の越え難い異質性
  Douglas and Wind（1987）…多くの選択肢の中の一戦略
  Hamel and Prahalad（1985）…低価格戦略は脆弱
  Takeuchi and Porter（1985）…実証的にも標準化一辺倒ではない

1990 年代
- 単純な標準化・適合化の 2 分法に対する懐疑 (Hisatomi 1991, Sandler and Shani 1992, Kustin 1994)

2000 年代以降
- セミ・グローバリゼーション (Rugman 2001, Ghemawat 2007)

関係は時を経るにつれて徐々に変化してきた。親会社が現地子会社に対して管理・命令するというよりはむしろ当該企業全体の目的や多国籍企業同士の熾烈な競争に対処するため、親会社と現地子会社が対等の立場で一体となり行動するという方がより現代的な多国籍企業の姿であろう（*Column* 5.3 参照）。

これまでは多国籍企業の組織や戦略をマクロな視点でみてきたが、ここではその組織や戦略を採用したことによりどのような現象が起こっているかというミクロな視点で考察を展開する。

現在、世界の家電市場は白物家電（冷蔵庫や洗濯機など）も黒物家電（液晶テレビや DVD レコーダーなど）もサムスン電子や LG 電子といった韓国の多国籍企業が席巻しており、日本の多国籍企業（パナソニックや日立、シャープ、東芝）は大きく水をあけられている。1970 年代から 80 年代にかけて世界で影響力を持った日本の家電がなぜこのような状況に陥ってしまったのであろうか。

現在、韓国の多国籍企業がとくに高い影響力を持っているのはインド、中東諸国、東南アジア諸国といった経済成長率の高い開発途上国市場である。これらの国々では一定の割合で富裕層がいるものの、大半は中間所得層や低所得層です。サムスンや LG は、富裕層に合わせて高機能・多機能・高価格の家電を開発・生産するのではなく、「ボリュームゾーン」と呼ばれる中間所得層にとって適正な価格にするため、開発途上国市場のニーズに合わせてあえて余計な機能を省いたのである。

他にも興味深い破壊的イノベーションの事例としてはインドのタタ自動車が 2009 年から展開する 10 万ルピー（日本円で当時およそ 28 万円）の自動車「ナノ（Nano、現在は GenX Nano）」が挙げられる（図表 5-5-1 参照）。発売当時のナノは助手席側のドアミラーがなく、トランスミッションは 4 速マニュアルのみでオートマチックがなく、ワイパーは 1 本のみで、各ホイールを止めるナットはわずか 3 本であった。徹底したコスト削減があったからこその価格であるが、より重要なのはこれまで自動車を購入するには所得が乏しい消費者が少し頑張れば手が届くかもしれないということである。

米国の企業戦略研究者であるクリステンセン（Christensen, M. C.）はこれ

■図表 5-5-1　タタ自動車のナノ（2015 年当時）

（出所）　筆者撮影。

■図表 5-5-2　イノベーションのジレンマと破壊的イノベーション

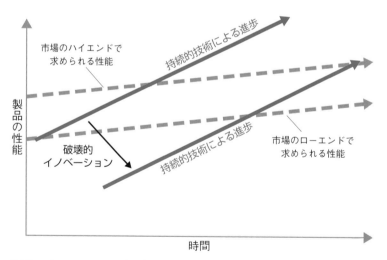

（出所）　Christensen, C. M.（1997）, *The Innovator's Dilemma: When New Technologies Cause Great Firms to Fail*, Harvard Business School Press, p.xvi.

を「破壊的イノベーション（disruptive innovation）」と呼び，一般的なイノベーション（＝持続的イノベーション sustaining innovation）とは異なる新たなイノベーションの形が現代において重要性を高めつつあることを明らかにした（図表 5-5-2 参照）。

　一方，日本の多国籍企業は開発途上国でその製品を市場導入する際，近年まで日本市場向けとさほど変わらないスペックで展開していたが，これでは富裕層にしか手が届かない。ボリュームゾーンは中間所得層であるにもかかわらず，機能の高さとさまざまな機能の積み上げを重視した結果，より重要な市場を韓国の多国籍企業に押さえられてしまったのである。

　開発途上国においてサムスンや LG の差別性が高い一因には「地域専門家制度」があるといわれている。ある人が地域専門家に選ばれると親会社から各国・地域に派遣され，現地の細かいニーズを汲み取る活動を行うのだが，一般的なエクスパトリエイト（expatriate：派遣管理者，エクスパットともいう）とは異なり，ごく短期間で親会社に戻ることを前提としていない。それにより，地域専門家は自らの責任で現地に根付いた消費者の生活研究を行うことができ，「いかなる機能やデザインが真に求められているのか」，「どの機能を省くことができるのか」を見定めることができるのである。近年では，日本の多国籍企業も破壊的イノベーションの重要性に気づき，現地に根差した製品機能やデザインの選定を行いつつある（*Column* 5.4 参照）。

Column 5.4 ● パナソニックのキューブ

　パナソニックは，インド専用設計のエアコン「キューブ（CUBE）」を 2011 年から 2019 年初頭まで現地で販売していた。インド子会社の売上高にそれほど貢献しなかったため現在では廃止されている製品であるが，われわれがキューブの開発事例から学べることはかなりある。

　気温が摂氏 40-50 度台になることがしばしばあるインドでは，経済成長による中間所得層の所得増大と相まってエアコンが爆発的に普及している。ただし，インドではエアコンといっても日本で一般的なスプリット型（吹き出し口と排気口が別々になっている仕様）が一般的ではなく，窓の部分に固定して取り付けるウィンドウ型（吹き出し口と排気口が一体になっている仕様）が大半である。なぜなら，ウィンドウ型の方がスプリット型よりもはるかにコストが低く，半分ほどの価格で販売することができるためである。しかしながら，吹き出し口と排気口が一体になっているがゆえに音がうるさく，また窓に固定するため家の中に光が入らなくなる家庭もあるという点で問題点もある。

　パナソニックのキューブにおいては，それらの問題を解決するためスプリット型にこだわった。一方で，風向制御機能やリモコン，予約機能など，インド人には必要ないと考えられる機能を思い切って外すことにより，ウィンドウ型の同様の価格であるにもかかわらずスプリット型の快適性をインドの消費者に訴求することができた。

　そのような破壊的イノベーションを駆使しても財務的に成果が出なかったもっとも大きな要因は，サムスンや LG といった韓国多国籍企業の存在である。サムスンや LG は，パナソニックがインドへ進出するはるか以前から当該市場で橋頭保を築いており，市場シェアはどの製品カテゴリー（冷蔵庫や洗濯機，エアコンなど）でも両社で 50 ％を超えている。パナソニックがいかに革新的な製品を開発したとしても，サムスンや LG の圧倒的な流通支配力でチャネルから半ば排除されてしまうことが根本的な問題なのである。

第 6 章

グローバル・ブランド・マネジメントにおける親会社―現地子会社関係

6.1 複雑なグローバル・ブランド・マネジメント

アーカー（Aaker, D. A.）によると，ブランドとは「ある売り手のあるいは売り手のグループからの財またはサービスを識別し，競争業者のそれから差別化しようとする特有の（ロゴ，トレードマーク，包装デザインのような）名前かつまたはシンボル」である。ブランドには，1か国だけで導入されているブランドもあれば複数国で共通に導入されているブランドもある。たとえば，日本の自動車企業である本田技研工業（以下，ホンダ）の場合，人気の高い製品ブランドに「N-BOX」と「シビック」がある（図表6-1-1参照）。「N-BOX」は，軽自動車の製品ブランドであり，日本のみで販売されている。一方，「シビック」はスポーティなミディアム・サイズの製品ブランドであり，日本だけではなく北中南米，欧州，アジア（中国やタイなど）などグローバルに販売されている（*Column* 6.1 参照）。

このように一言でブランドといっても，ある1か国で販売されている製品ブランドからさまざまな国で販売されている製品ブランドまである。製品ブランドの導入範囲の観点からその分類を示したものがグローバル・ブランド・アーキテクチャーである。タウンゼント（Townsend, J.D.）らによると，グローバル・ブランド・アーキテクチャーの中には，①日本や米国といったある1か国だけで導入されているドメスティック・ブランド，②アジアや欧州といったある地域内で導入されているリージョナル・ブランド，③欧州とアフリカ，北米と中南米といった複数地域で導入されているマルチ・リージョナル・ブランド，④北米，欧州，アジアといった主要3地域（three major continents）にまたがって導入されているグローバル・ブランド，がある。

マルチ・リージョナル・ブランドとグローバル・ブランドは，ともに地域をまたがるという点で共通している。しかし，グローバル・ブランドは市場規模が大きくグローバルな経済動向に大きく影響を与える北米，欧州，アジアのすべてに導入されている点でマルチ・リージョナル・ブランドとは異なっている。つまり，グローバルにプレゼンスが高いブランドをグローバル・ブランドといっても過言ではないであろう。ただ，この定義は各市場の

（出所）　本田技研工業提供。

Column 6.1 ● ブランドの種類と階層構造

　ブランドは，「企業ブランド」，「事業ブランド」，「製品ブランド」に分類される。事業ブランドはあまり多くない（General Motors の Chevrolet や Cadillac など）ので，以下では企業ブランドと製品ブランドの組み合わせパターンをもとにブランドの階層構造を説明する。

　企業ブランドと製品ブランドの代表的な組み合わせとして，①企業ブランド＋商品一般名称，②企業ブランド＋製品ブランド，③製品ブランドのみ，がある。企業ブランドを強調する場合，企業ブランド＋製品一般名称が採用される（キューピー・マヨネーズ）。一方，製品ブランドを強調する場合，製品ブランドのみが提示される（P&G の「ファブリーズ」）。企業ブランドに品質保証効果を持たせながら製品ブランドで価値訴求する場合，企業ブランド＋製品ブランドが採用される（ホンダ・シビック）。これは「二階建て構造」とも呼ばれる。

戦略的重要性によって変化する可能性があることも留意しなければならない（*Column* 6.2 参照）。

　グローバル・ビジネスにおけるブランド・マネジメントは，競争優位獲得の観点から上記のような異なる製品ブランドを管理していかなければならない。その際，大きく 2 つの課題がある。それらは「グローバル・ブランドのマネジメント」と「グローバルなブランド・マネジメント」である。

　「グローバル・ブランドのマネジメント」とは，市場環境の相違を考慮すると同時にグローバルに統合した製品ブランドのマネジメントである。前述のホンダ「シビック」の場合，基本モデルは 4 ドアのセダンとハッチバックであり，それぞれがグローバルに導入されている。セダンとハッチバックの違いは荷室が独立している（セダン）か独立していない（ハッチバック）かである。しかし，北中南米ではスポーツカーに対する根強いニーズに応えるために基本車種に加え 2 ドアクーペを導入している（図表 6-1-2 参照）。

　グローバルなブランド・マネジメントとは，ドメスティック・ブランドからグローバル・ブランドまでの多様な製品ブランドの組み合わせを考えること，すなわちグローバル・ブランド・ポートフォリオ・マネジメントである。日本では軽自動車やミニバンが人気であるため，ホンダは軽自動車の「N-BOX」やミニバンの「オデッセイ」や「ステップワゴン」を販売している。2019 年 12 月時点において，「N-BOX」は日本のみで販売しているが，「ステップワゴン」は日本，香港，マカオで販売，「オデッセイ」は地域によってモデルが異なるが日本，北中南米，アジア，中東など地域を超えて販売している。また，シビック（基本モデル）は日本，北中南米，欧州，他のアジアとグローバルに販売している。グローバル・ブランド・アーキテクチャーでいえば，「N-BOX」はドメスティック・ブランド，「ステップワゴン」はリージョナル・ブランド，「オデッセイ」はマルチ・リージョナル・ブランド，「シビック」はグローバル・ブランドとなる。各国市場の状況に合わせて，多様な製品ブランドの最適ミックスを考えることがグローバル・ブランド・ポートフォリオ・マネジメントである（*Column* 6.3 参照）。

　このように，グローバル・ビジネスにおけるブランド・マネジメントは複雑である。紙幅の関係上，両方のグローバル・ブランド・マネジメントを説

Column 6.2 ● グローバル・ブランドの特徴

　グローバル・ブランドの特徴はいくつかあるが，ここでは①購買意思決定へのポジティブな影響と②波及効果について説明する（原田，2010）。購買意思決定へのポジティブな影響として，グローバル・ブランドの持つ「グローバル性（Globalness）」が知覚品質の向上に寄与する効果があることが指摘されている。また，この効果は新興国でとくに強く表れることも示されている。波及効果とは，ある国での評判が他の国に波及することである。SNS などのメディアを介したスピルオーバー効果によって，情報は一瞬にして世界を駆け巡るようになった。グローバル・ブランドの動向についても一瞬にして世界中の消費者に知れ渡るようになっている。したがって，ある国での成功が他国の消費者に影響を与えること，すなわち波及効果がグローバル・ブランドの特徴として指摘できる。ただし，これは良い情報だけが流れるわけではないため，正と負の両方の効果があることに注意しなければならない。

■図表 6-1-2　ホンダ・シビックの 2 ドアクーペ

（出所）　本田技研工業提供。

明できないので，ここではグローバル・ブランドのマネジメントに限定し，その特徴を意思決定の観点（親子関係：親会社—現地子会社間関係）から説明する。まず，ブランドとブランド・マネジメントを示した後，親子関係を踏まえながらグローバル・ブランド・マネジメントについて明らかにする。そして，スウェーデンの自動車多国籍企業 Volvo の事例を用いながらグローバル・ブランド・マネジメントの実態を説明する。

6.2 ブランドとブランド・マネジメント

　世界最大のブランディング専門企業である Interbrand は，毎年「Best Global Brands」としてブランド価値を貨幣評価したランキングを公表している。図表 6-2-1 は，2018 年のランキングトップ 10 を示したものである。1 位は MacBook や iPhone など我々の生活になじみのある製品を提供しているアップルである。2 位以下もグーグル，アマゾン，マイクロソフトなど巨大 IT 企業が続く。

　図表 6-2-2 は，ブランド・マネジメントの構造を示している。ブランドを展開するときのビジョンや理念は「ブランド・アイデンティティ」と呼ばれる。ブランド・アイデンティティはブランドのビジョンや理念を示しているので，マーケティング戦略は，ブランド・アイデンティティに基づいて決定される。たとえば，トヨタ自動車の高級車ブランド「レクサス」は，レクサスのブランド・アイデンティティを示している「Lexus Fundamental Law」を制定している。「Lexus Fundamental Law」に基づいて製品開発要件を示した「Lexus-Must」，デザイン要件を示した「L-finesse」，販売サービス要件を示した「Lexus 契約」も制定している。こうしたブランド・アイデンティティを明文化したものを一般に「ブランド・ブック」と呼び，それをマーケティング戦略の指針として活用する。

　消費者が持つブランドに対する思いや認識のことをここでは「ブランド評価」と呼ぶ。「ブランド評価」は，ブランド認知，ブランド・イメージ，好意度，再購買率，NPS（Net Promoter Score：推奨意向）などさまざまな項目

Column 6.3 ● **P&G と L'Oréal における**
グローバル・ブランド・ポートフォリオ・マネジメント

> P&G や L'Oréal は，異なる歴史を歩み，異なる製品ブランドのポートフォリオを持つにもかかわらず，両社は，大規模ブランドへマーケティング投資を集中させる「メガ・ブランド」戦略を採用している。その背景には，製品ブランド数の増大によるマーケティング投資の分散と大手小売企業の台頭による交渉上の劣位がある。こうした問題を克服するために，1990 年以降，P&G や L'Oréal は，グローバルに展開可能なメガ・ブランドに集中投資をする戦略へと変更した（Jones, 2010）。

■図表 6-2-1 「Best Global Brands 2018」トップ 10 ブランド

順　位	ブランド	国籍	ブランド価値額（百万ドル）
1	Apple	米	214,480
2	Google	米	155,506
3	Amazon	米	100,764
4	Microsoft	米	92,715
5	Coca Cola	米	66,341
6	Samsung	韓	59,890
7	Toyota	日	53,404
8	Mercedes Benz	独	48,601
9	Facebook	米	45,168
10	McDonald's	米	43,417

（出所）　Interbrand（2019），*Best Global Brands 2018.*

から測定される。高いブランド評価は消費者の購買決定にプラスの影響を与え，企業の利益増大に貢献する。ブランド評価の影響でもたらされた利益を算出したものが「ブランド価値」になる。前述の Interbrand の「Best Global Brands」がこれに当てはまる。「ブランド評価」と「ブランド価値」は，ともに「ブランド・エクイティ」と呼ばれることがあるが，ここでは読者に分かりやすくするため，あえて使い分けている。

　青木（2011）は，マーケティング戦略の起点としてブランド・アイデンティティを，マーケティング戦略の結果としてブランド・エクイティを指摘した。これが図表 6-2-2 で示されているブランドとマーケティング戦略の関係になる。ブランドとマーケティング戦略の関係をみてみると，マーケティング戦略の目的はブランド構築ということになる。

6.3　グローバル・ブランド・マネジメントと親会社―現地子会社関係

　グローバル・ブランドのマネジメントにおける意思決定問題として，①意思決定の標準化と②意思決定の所在がある。意思決定の標準化とは，導入市場全てにおいて意思決定を統一することである。反対に，各国市場に合わせて意思決定を変えることを現地適合化という。一般的にグローバル・ブランドに関する意思決定は標準化傾向が強いことが知られている。アーカーとヨアヒムスターラー（Aaker, D.A. and Joahimstaler, E.）によると，グローバル・ブランドはブランド・アイデンティティ，ポジション，製品，パッケージ，外観，使用感，広告などが標準化されていることを指摘している。

　グローバル・ブランド・マネジメントはどこで決定されるのであろうか。前述のアーカーとヨアヒムスターラーは，自らの調査に基づきグローバル・ブランド・マネジメントの管理組織・担当者の類型を示した（図表 6-3-1 参照）。管理組織・担当者は，トップ・マネジメント／ミドル・マネジメントと組織／個人から 4 つに類型化された。それらは，①親会社トップ・マネジメントと各職能部門のトップによって構成される「ビジネス・マネジメント・チーム」，②CEO や上級役員といった親会社トップ・マネジメントがグロー

■図表 6-2-2　ブランド・マネジメントの構図

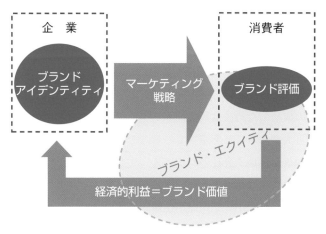

企　業

ブランド
アイデンティティ

マーケティング
戦略

消費者

ブランド評価

ブランド・エクイティ

経済的利益＝ブランド価値

（出所）　原田将（2015）「ブランドとは何か」大石芳裕編『マーケティング零』白桃書房，
　　　　55頁。

■図表 6-3-1　グローバル・ブランド・マネジメントの類型

管理者の階層		
トップ・マネジメント	ミドル・マネジメント	
ビジネス・マネジメント・チーム	グローバル・ブランド・チーム	組　織
ブランド・チャンピオン	グローバル・ブランド・マネジャー	個　人

（出所）　Aaker, D. A. and E. Joahimstaler（2000）, *Brand Leadership*, The Free Press, p.320
　　　　より一部修正して作成。

バル・ブランド管理担当者になる「ブランド・チャンピオン」，③各国子会社のブランド管理担当者から構成される「グローバル・ブランド・チーム」，④親会社中間管理層のブランド管理担当者もしくは主要国子会社のブランド管理担当者がグローバル・ブランド管理を担当する「グローバル・ブランド・マネジャー」である。

アーカーとヨアヒムスターラーは，「ビジネス・マネジメント・チーム」と「ブランド・チャンピオン」が，グローバル・ブランド管理において適切な管理組織・担当者であると指摘している。さらに，「グローバル・ブランド・マネジャー」と「グローバル・ブランド・チーム」を採用する場合においても，その成功のためには親会社トップ・マネジメントの強力なコミットメントが不可欠であることを述べている。その理由は，親会社トップ・マネジメントの関与が現地子会社のバイアス，すなわちこの市場は特別であり標準化された意思決定は適用できないというバイアスを変更させることに貢献するからである。したがって，標準化傾向の強いグローバル・ブランドにおいてその管理には親会社トップ・マネジメントの関与が重要になる。

親会社の役割が大きいグローバル・ブランド・マネジメントは，前章の多国籍企業の組織形態でいえばハイアラーキーな調整形態といえる。つまり，親会社がコアとなるものをマネジメントし，現地子会社がそれらを現地に合わせて適用・活用する調整形態である。グローバル・ブランドの場合，ブランド・アイデンティティなどグローバル・ブランド・マネジメントのコアを親会社が決定し，それに基づいて現地子会社がマーケティング戦略を現地の市場環境に合わせて計画・実行する（*Column* 6.4 参照）。

6.4　Volvo のグローバル・ブランド・マネジメント

1927 年，創業者のガブリエルソンとラーソン（Gabrielsson, A. and Larsson, E.G.）は，スウェーデン・イエテボリ（Göteborg）で自動車企業 Volvo を設立した。最初に発売された車は「ÖV4」と名づけられた（図表 6-4-1）。色は 1 つしかなく，しばしば「ヤコブ（Jacob）」と呼ばれた。

Column 6.4 ● バートレットとゴシャールによる調整形態の類型

　第5章で取り上げたバートレットとゴシャールは，統合と現地適合という観点から多国籍企業を4つに類型化した。それらは，①資産や能力を本社に集中し現地子会社は親会社の戦略を忠実に実行する「グローバル企業」，②コア・コンピタンスの源泉を親会社に集中させ，現地子会社は親会社のコンピテンシーを適用・活用する「インターナショナル企業」，③資産や能力を現地子会社に分散させ，現地子会社が現地での機会を感知・活用する「マルチナショナル企業」，④資産や能力を現地子会社に分散させているがそれらは相互依存しており，それぞれが専門化され，各国で共有される「トランスナショナル企業」である。バートレットとゴシャールは企業単位で組織の特徴を示したが，ブランド・マネジメントの観点からすると，ブランドの種類によって親会社と現地子会社との関係は異なる。グローバル・ブランドのマネジメントの場合，インターナショナル企業に近い形で調整される。一方，ドメスティック・ブランドの場合，それはマルチナショナル企業に近い形で調整される。

■図表 6-4-1　1927 年発売の Volvo ÖV4

（出所）　Volvo Car Japan ウェブページ，https://www.volvocars.com/jp/about/our-company/heritage/heritage-models（2019 年 9 月 23 日アクセス）。

現在，Volvo の車種構成は，S シリーズのセダン，V シリーズのワゴン／エステート，CC シリーズのクロスカントリー（車高の高いエステート），XC シリーズの SUV の構成になっている。また，車格がサイズに応じて数字で示されており，40 はスモール・サイズ，60 はミディアム・サイズ，90 はラージ・サイズとなっている（図表 6-4-2 参照）。グローバルにもっとも販売台数が多いモデルはミディアム・サイズ SUV の XC60 であるが，日本でもっとも販売台数が多いモデルはスモール・サイズのワゴン／エステートの V40 である。

Volvo の『Annual Report 2018』によると，近年における同社の財務業績は向上している。売上高は 2014 年の 1,375 億 SK（スウェーデン・クローナ。1SK = 11 円換算で約 1 兆 5,125 億円）から 2018 年には 2,526 億 SK（約 2 兆 7,786 億円）と約 2 倍近く増大している。また，営業利益も 2014 年の 21 億 2,800 万 SK（約 234 億円）から 141 億 8,500 万 SK（約 1,560 億円）へと大きく増大している。

この背景には同社のブランド・リポジショニングがある。Volvo は，コスト・パフォーマンスに優れたスマートバイ・ブランドから Mercedes Benz，BMW，Audi（いわゆる German 3）のようなプレミアム・ブランドへと移行しようとしている。そのため，企業ブランドである Volvo のブランド・アイデンティティを明確化させ，それをすべての車種で反映させ，継続的に訴求している。Volvo のブランド・アイデンティティは「Safety（安全）」，「Made by Sweden（スウェーデン）」，「Human Centric（人間中心）」である。

ブランド・アイデンティティはグローバルに統一され，すべての製品ブランドおよびマーケティング戦略に反映される。その際，2 つの特徴がある。一つは，ブランド・アイデンティティの訴求方法が従来の機能的価値中心から情緒的価値中心へと変化していることである。従来，Volvo は機能的価値である安全性を強く訴求していた。しかし，現在はそれを思いやり（Caring）という情緒的価値を中心に家族や愛など大事なものを守るための安全性というコミュニケーションに変化している（*Column* 6.5 参照）。

もう一つは，ブランド・アイデンティティを訴求するマーケティング戦略の取り組みを各国の状況に合わせて変化させていることである。図表 6-4-3

（出所）　Volvo Car Japan 提供。

Column 6.5 ● ブランドが与える便益：機能的便益を超えて

　アーカー（Aaker, 2014）によれば，ブランド・アイデンティティを設定し，それを訴求することによって，ブランドは消費者に様々な便益を与える。それらは，製品機能の効用からもたらされる「機能的便益」，購入プロセスや使用経験における消費者感情からもたらされる「情緒的便益」，自己イメージを表現することからもたらされる「自己表現的便益」，自分のアイデンティティや社会集団の認識からもたらされる「社会的便益」である。

　アーカーによれば，機能的便益は重要であるが，機能的便益のみだけではブランド構築において限界がある。情緒的便益，自己表現的便益，社会的便益などを含めて，複数の便益を組み合わせること必要である。とくに，強いブランドは，機能的便益と情緒的便益の両方を持つことを指摘している。また，複数の便益を組み合わせる場合，最優先する便益を設定することも考慮しなければならないと述べている。

は，XC60 の標準化程度と意思決定の所在を示したものである。ブランドや製品に関わる項目の多くは標準化されているが，流通や広告に関する項目の多くは適合化されている。日本市場の場合，そのブランド・アイデンティティを効果的に訴求する取り組みとして，安全装備を全モデルで標準装備にしていることがある。これは日本市場のみの取り組みであり，「Safety」を強く訴求するためである。また，「Made by Sweden」を強調するため，スカンジナビア・デザインを想起させるよう販売店に展示されている車のインテリアの多くを淡色にしている。もちろん，その他の色を選択し購入することはできるが，「Made by Sweden」をより強く訴求するための取り組みである。

この背景には，日本におけるプレミアム・ブランドとしての Volvo の認知度の低さがある。2014 年の Volvo のプレミアム・ブランドとしての認知度（純粋想起）は 15.0％であった。しかしボルボ・カー・ジャパン前社長の木村隆之氏によると，上記のような取り組みの結果，2018 年には Volvo のプレミアム・ブランドとしての認知度が 21.5％まで上昇している。

Volvo は，ブランド・アイデンティティに基づき，すべての製品ブランドのマーケティング戦略を実行している。その際，スウェーデンの親会社がブランド・アイデンティティを設定し，現地子会社はそれに基づいてマーケティング戦略を立案・実行する構造になっている。

6.5　最後に

本章では，多国籍企業における親子関係を踏まえ，グローバル・ブランドのマネジメントについて説明した。グローバル・ブランドのマネジメントは，親会社が中心となったハイアラーキーな調整形態である。それは意思決定の標準化と密接につながっている。ブランド・アイデンティティは標準化され，親会社が決定する。ブランド・アイデンティティに基づき，そして現地の状況を考慮してマーケティング戦略は計画・実行される。Volvo の場合，「Safety（安全）」や「Made by Sweden（スウェーデン）」，「Human Centric（人間中心）」というブランド・アイデンティティはスウェーデンの親会社が決定

■図表 6-4-3　Volvo・XC60 の意思決定の標準化と所在地

		標準化	意思決定の所在
ブランド	ブランド・アイデンティティ	5	親会社
	シンボル・ネーム・ロゴ	5	親会社
	ポジショニング	5	親会社
	ターゲット顧客層	4	共　同
製　品	製品機能	4	共　同
	部品（要素技術）	5	親会社
	デザイン	5	親会社
	アフターサービス	3	共　同
価　格	小売価格	4	共　同
流　通	プロモーションの方法	3	共　同
	販売店との関係	3	共　同
	店舗デザイン	5	親会社
	CRM（顧客管理）の方法	2	現地子会社
広　告	広告の基本テーマ	5	親会社
	広告表現	4	共　同
	媒体	2	現地子会社

（注）　標準化は，5 点尺度で，5＝完全に標準化，4＝ほぼ標準化，3＝標準化と適合
　　　化の中間，2＝ほぼ適合化，1＝完全適合化，である。また，ポジショニングは，
　　　価格帯や製品特性（スポーティ，ラグジュアリー，安全性など）である。「共同」
　　　とは親会社と現地子会社が共同して決定することである。

（出所）　インタビュー調査。

している。それに基づいて各現地子会社がマーケティング戦略を立案・実行するが，日本の場合はプレミアム・ブランドとしての認知度が低かったため，ブランド・アイデンティティを強く訴求するような取り組みを実施している。

謝辞

　Volvo の事例研究にあたり，Volvo Car Japan・マーケティング部ディレクターの関口憲義氏にはインタビュー調査を実施した（2019 年 2 月 1 日，9 月 3 日）。また，ホンダについても各製品ブランドの販売国などを本田技研工業・ブランド・コミュニケーション本部・ブランド部プロモーション・デザイン課課長の松田年史氏，同課の小早川梓氏から教えていただいた（2019 年 9 月 25 日）。さらに，両社から製品の写真などの資料も提供していただいた。重ねて感謝申し上げたい。なお，文責はすべて筆者にある。

第7章

グローバル・プロモーションにおける親会社─現地子会社関係

7.1 グローバル・プロモーションとは

　企業が消費者へアプローチするための「マーケティング・ミックス（4P）」は製品（Product）・価格（Price）・流通（Place）・プロモーション（Promotion）からなる。その中のプロモーション（広告活動）の主たる目的は広く情報を知らしめる「報知」と商品の付加価値や価格を納得して購入してもらうための「説得」である。これらの目的を達成するためには「プロモーション・ミックス」を効果的に実施しなければならない（図表7-1-1参照）。

　プロモーションを実行するためには，企業（広告主）と専門的サービス企業である広告会社（近年はコンサルティングファームやソリューションサービス企業），そしてメディア（テレビ・新聞・雑誌・ラジオ・屋外広告・インターネットなどのデジタル）が協働することが必要である。プロモーションは高度な専門性を必要とする領域であり，企業内の宣伝部・広報部などの部署が窓口となって外部の専門的知識を持つ組織に委託する（図表7-1-2参照）。たとえば企業が広告を出稿するためには広告会社や媒体購入を専門的に行うメディア・バイイング会社を通して広告枠を購入する。国境を越えて実施されるグローバル・プロモーションにおいて専門的な知識とネットワークを持つ広告会社は重要な役割を担ってきた。そのような広告会社は以下の3つに分類される。

- グローバル・エージェンシー：ワールドワイドで対応可能
- リージョナル・エージェンシー：北米・アジアなど地域内で対応可能
- ローカル・エージェンシー：特定の国だけで対応可能

　1990年代になると企業のグローバル化が一段と進み，そのグローバル化に対応すべく広告会社の国境を越えたクロスボーダーM&Aが加速した。広告会社のM&Aは規模拡大と成長のショートカットとして始まったが，グローバル化やデジタル化という市場環境の変化に対応するための無形資産（新技術や人材など）の獲得や組織能力を向上させる機会として積極的に行われている。全世界規模でプロモーション業務を担当できる広告会社であるグ

■図表 7-1-1　プロモーション・ミックス

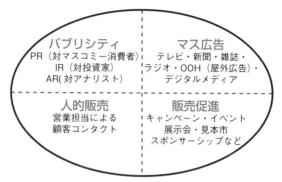

プロモーションの諸活動に予算を適切に配分しなければならない

（出所）　筆者作成。

■図表 7-1-2　グローバル・プロモーションに関係する組織

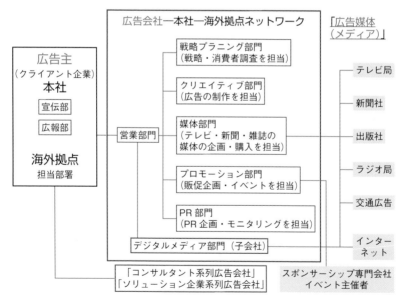

（出所）　筆者作成。

ローバル・エージェンシーは広告会社同士のM&Aによって誕生した以下の5大グループ（メガ・エージェンシー）に集約される。

① オムニコム・グループ（Omnicom Group）

1986年に誕生し，米国（ニューヨーク）に本拠を置く。傘下にBBDO，DDB Worldwide，TBWA Worldwide社などの広告会社ネットワークがある。

② WPPグループ

1985年にソレル（Sorrell, M.）によって設立された。英国（ロンドン）に本拠を置き，総合広告会社ネットワークとしてOgilvyやGREY，VMLY&R，AKQA傘下に持ち，GROUP MやMINDSHARE，MEDIACOMなどのメディア・バイイング会社，PR会社のBCW（BURSON COHN & WOLFE），HILL＋KNOWLTON STRATEGIES，ブランドコンサルティングのLANDORなどを所有している。

③ インターパブリック・グループ（Interpublic Group）

米国（ニューヨーク）に本拠を置く大手広告会社グループである。傘下にはMcCann（マッキャン）やMomentum，FCB，Carmichael Lynch，Deutschがある。また世界第2位のPR会社であるWeber Shandwickなどを所有している。

④ ピュブリシス・グループ（Publicis Groupe）

フランス（パリ）に本拠を置く大手広告会社グループである。電通との提携を2012年に解消した。その後のオムニコム・グループとの合併交渉の破談後は，独自にM&Aを展開している。2014年には米国のデジタル広告大手企業のサピエント社を買収した。

⑤ 電通グループ（Dentsu Inc.）

2013年3月に電通によるイージス・メディア（英国）の買収によって，英国（ロンドン）に本社を置く電通イージス・ネットワーク社（Dentsu Agis Network）が設立された（図表7-1-3参照）。2013年から2017年の5年間の電通グループによるクロスボーダーM&Aの件数は108件に及び，電通の海外売上高比率に飛躍的な変化を与えた。電通グループ（電通イージス・ネットワーク社）によるクロスボーダーM&Aは海外事業の拡大に有効であったといえる（図表7-1-4参照）。

■図表 7-1-3　電通による「イージス・メディア（英国）」の買収後の新組織体制

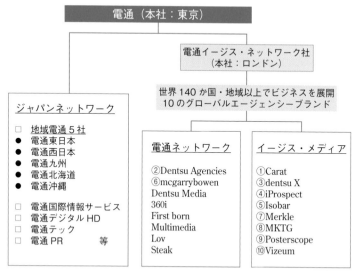

（注）　図中①〜⑩がグローバル規模のネットワークを持つエージェンシー 10 社である。
（出所）　電通のウェブページ（2013 年 3 月 26 日付けニュースリリース）を参照し，筆者
作成。

■図表 7-1-4　電通グループの海外売上高の推移（2008 年-2018 年）

（単位：百万円）

年度	海外売上高	全社売上高	海外売上高比率
2008	211,896	2,093,976	10.1%
2009	185,632	2,057,544	9.0%
2010	164,972	1,887,270	8.7%
2011	144,879	1,678,618	8.6%
2012	264,945	1,893,055	14.0%
2013	294,205	1,941,233	15.2%
2014	569,583	2,309,359	24.7%
2015（12 月期）	3,156,328	4,515,955	69.9%
2016（12 月期）	3,046,532	4,924,933	61.9%
2017（12 月期）	3,329,418	5,187,300	64.2%
2018（12 月期）	3,488,430	5,357,278	65.1%

（出所）　『有価証券報告書（2009 〜 2019 年）』を参照し，筆者作成。

7.2 グローバル・プロモーション市場の規模

　グローバル・プロモーションの市場規模について説明したい。大手メディア・バイイング会社のゼニス（Zenith）の調査によると2018年度の主要5か国のグローバル広告市場の規模は第1位が米国で2,179億7,100万ドル（約23.7兆円），第2位が中国で852億3,700万ドル（約9兆円），第3位が日本で425億1,200万ドル（約4.6兆円），第4位が英国で257億3,500万ドル（約2.8兆円），第5位がドイツで230億1,800万ドル（約2.5兆円）である（図表7-2-1参照）。

　電通の2019年1月11日発表の「世界の広告費成長率予測（2018～2020）」によると，世界59か国・地域を対象にしたグローバル広告市場の成長率は全体では4.0％程度である。2018年にもっとも成長する国はロシア（12.0％），インド（9.6％），中国（7.8％），ブラジル（7.1％）となっており，市場規模の大きい米国（3.4％），日本（0.2％），ドイツ（1.0％）の広告市場は低い成長率になっている。2020年の広告市場成長率の予測では，もっとも成長する国はインド（11.6％），英国（7.1％），ロシア（6.7％），中国（6.4％），ブラジル（6.2％）となっている。東京オリンピックを控えている日本（2.4％）は前年の2019年（0.6％）より増加している。このようにグローバル・プロモーション市場は新興国といわれている国・地域によってその成長が牽引されていることが分かる（図表7-2-2参照）。

7.3 グローバル・プロモーション市場の環境変化

　グローバル・プロモーションの市場環境の変化は情報通信技術（ICT）の発達によりデジタル・メディア（動画サイトなど）やソーシャル・ネットワークサービス（SNS）に大きく影響を受けている。コミュニケーションのデジタル化は企業と消費者の接点づくりに新しい効果を与えている。全世界で共有する広告コンテンツと各国対応する広告コンテンツが相互に関連し合うとと

■図表 7-2-1　グローバル・プロモーション市場の規模

順位	国名	2018 年広告費（百万ドル）	2018 年広告費（億円）
1	米国	217,971	237,588
2	中国	85,237	92,908
3	日本	42,512	46,338
4	英国	25,735	28,051
5	ドイツ	23,018	25,051
6	ブラジル	15,711	17,125
7	フランス	12,638	13,775
8	韓国	12,550	13,680
9	オーストラリア	12,455	13,576
10	カナダ	10,760	11,728

（注）　米ドル・日本円の換算レートは三菱 UFJ リサーチ＆コンサルティング 2018 年平均
TTB 1 ドル＝109 円を参照。
（出所）　ゼニス（Zenith）のウェブページ，Advertising Expenditure Forecasts March-
2019-executive-summary より筆者作成。

■図表 7-2-2　グローバル・プロモーションの市場別成長予測（成長率；%）

	2018 年		2019 年		2020 年
	前回予測	予測改定	前回予測	予測改定	新規予測
全世界（59 か国・地域）	3.9	4.1	3.8	3.8	4.3
北米	3.4	3.4	3.1	3.1	3.6
米国	2.3	3.4	3.2	3.0	3.6
カナダ	2.9	3.7	5.1	5.2	5.1
西ヨーロッパ	2.9	3.4	2.9	3.2	3.3
英国	4.2	6.5	4.7	6.1	7.1
ドイツ	2.6	1.0	2.9	0.5	0.5
フランス	2.5	3.6	2.8	3.1	2.5
イタリア	1.6	1.6	1.1	0.8	1.6
スペイン	1.5	1.8	1.2	1.2	0.8
中央および東ヨーロッパ	7.8	8.6	6.6	5.8	6.2
ロシア	11.7	12.0	8.5	6.9	6.7
アジア太平洋	4.5	4.6	4.4	4.5	4.9
オーストラリア	2.8	3.7	2.4	2.4	2.6
中国	6.5	7.8	6.0	7.0	6.4
インド	10.5	9.6	11.1	10.6	11.6
日本	1.5	0.2	1.2	0.6	2.4
中南米	6.9	9.9	7.3	7.9	8.6
ブラジル	2.3	7.1	2.6	3.6	6.2

（注）　前回予測は 2018 年 6 月発表。
（出所）　電通のウェブページ，http://www.dentsu.co.jp/news/release/2019/0111-
009729. html（2019 年 11 月 11 日アクセス）。

もに，消費者自らも情報発信する時代になっている。企業のグローバリゼーションともに，消費者自らも情報発信する時代になっている。企業のグローバル・プロモーションにおけるデジタル化への対応はもはや重要な経営課題である。

ゼニスによる2017年度グローバル広告費の媒体別シェアは第1位がテレビ広告（34.1%）である。第2位がモバイル・インターネット広告（19.8%）で，第3位のデスクトップ・インターネット広告（17.8%）と合計すると37.6%となり第1位のテレビ広告を上回った。2020年には第1位のテレビ広告（31.2%）は減少し，第2位のモバイル・インターネット広告（29.3%）と第3位のデスクトップ・インターネット広告（15.3%）の合計は44.6%となり，デジタル広告がシェアをさらに伸ばし重要なメディアとなることは確実であると予想される（図表7-3-1参照）。

7.4 グローバル・プロモーションにおける広告表現の変化

ここでグローバル企業の広告表現について考えたい。日本やアジア諸国では女性の社会進出と男性の家庭進出の結果，家事を男性が行うという広告表現が2013年頃から始まり，定着している。広告表現におけるジェンダー（性差）の役割変化であり，女性のみが家事や育児を行う表現は避けられている。ピヤ（2016）はアジア諸国の広告を国際比較して，飲料・食品の広告を取り巻く社会的背景として「ジェンダー役割・家族像」を位置付けるという，社会学的・文化論的な観点から新たに広告の分析を試みた。その結果，「飲料・食品のテレビ広告に登場する主人公のジェンダーの割合から見れば台湾・韓国・中国・日本では男女の割合がほぼ同様であるが，シンガポール（67.3%）とタイ（64.2%）では男性の登場率が比較的高い」とされている（図表7-4-1参照）。

とくに欧米市場において，企業は消費者のダイバーシティ（多様化）を意識した広告表現を行っている。たとえばIKEA（イケア）は1943年にスウェーデンのスモーランド地方（エルムフルト）に設立された家具の大型小

■図表 7-3-1　媒体別のグローバル広告費シェア（2017 年・2020 年）

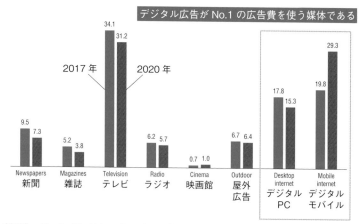

デジタル広告が No.1 の広告費を使う媒体である

2017 年　　2020 年

	Newspapers 新聞	Magazines 雑誌	Television テレビ	Radio ラジオ	Cinema 映画館	Outdoor 屋外広告	Desktop internet デジタル PC	Mobile internet デジタル モバイル
2017	9.5	5.2	34.1	6.2	0.7	6.7	17.8	19.8
2020	7.3	3.8	31.2	5.7	1.0	6.4	15.3	29.3

（出所）　ゼニス（Zenith）のウェブページ，Advertising Expenditure Forecasts March-2019-executive-summary より筆者作成。

■図表 7-4-1　アジアの飲料・食品のテレビ広告におけるジェンダー役割の分析結果

	日本	タイ	中国	台湾	シンガポール	韓国
1．ナレーター						
男性	13 (11.3%)	0	5 (4.7%)	12 (13.6%)	2 (3.3%)	32 (27.8%)
女性	68 (59.1%)	143 (78.6%)	53 (50.0%)	33 (37.5%)	41 (68.3%)	39 (33.9%)
なし・両方	34 (29.6%)	39 (21.4%)	48 (45.3%)	43 (48.9%)	17 (28.3%)	44 (38.3%)
2．性別						
男性	58 (55.8%)	111 (64.2%)	48 (54.5%)	37 (48.7%)	37 (67.3%)	51 (48.6%)
女性	46 (44.2%)	62 (35.8%)	40 (45.5%)	39 (51.3%)	18 (32.7%)	54 (51.4%)
3．年齢層						
0-18	11 (10.6%)	38 (22.0%)	10 (11.4%)	8 (10.5%)	8 (14.5%)	5 (4.8%)
18-35	56 (53.8%)	104 (60.1%)	64 (72.7%)	52 (68.4%)	36 (65.5%)	68 (64.8%)
35-50	24 (23.1%)	29 (16.8%)	9 (10.2%)	14 (18.4%)	10 (18.2%)	22 (21.0%)
50～	13 (12.5%)	2 (1.2%)	5 (5.7%)	2 (2.6%)	1 (1.8%)	10 (9.5%)
4．役割						
働く	11 (10.6%)	14 (8.1%)	3 (3.4%)	20 (26.3%)	24 (43.6%)	17 (16.2%)
働かない	93 (89.4%)	159 (91.9%)	85 (96.6%)	56 (73.7%)	31 (56.4%)	88 (83.8%)
5．職種						
上級・中級管理職と専門家	2 (18.2%)	2 (13.3%)	2 (66.7%)	7 (35.0%)	0	2 (11.8%)
事務と販売	2 (18.2%)	8 (53.3%)	1 (33.3%)	5 (25.0%)	16 (66.7%)	3 (17.6%)
その他	7 (63.6%)	5 (33.3%)	0	8 (40.0%)	8 (33.3%)	12 (70.6%)
6．職業に従事する以外の役割						
家族の役割	10 (10.8%)	36 (22.8%)	3 (3.5%)	17 (30.4%)	8 (25.0%)	31 (35.6%)
レクリエーション	41 (44.1%)	95 (60.1%)	25 (29.4%)	29 (51.8%)	19 (59.4%)	19 (21.8%)
商品紹介	42 (45.2%)	27 (17.1%)	57 (67.1%)	10 (17.9%)	5 (15.6%)	37 (42.5%)

（注）　p（有意確率）はすべて＜0.05。χ²（カイ二乗値）：1（118.295），2（11.448），3（46.154），4（61.093），5（28.693），6（106.498）。df（自由度）：1（10），2（5），3（15），4（5），5（10），6（10）

（出所）　ポンサビタックサンティ・ビヤ（2016）「アジアの飲料・食品のテレビ広告におけるジェンダー役割・家族像―日本・中国・台湾・韓国・タイ・シンガポールの国際比較研究―」『長崎県立大学国際社会学部研究紀要』第 1 号，51 頁。

売店である。世界40か国に進出し，全世界の従業員数は13万9,000人であり，店舗数は350店舗以上に及ぶ。低価格，デザインの良さ，アフターサービス面の充実，手頃な価格などで世界的にブランドが浸透している。IKEAは1994年に初のゲイカップルを主役にしたCM "Dining Room Table"をニューヨーク・フィラデルフィア・ワシントンD.C.の3都市でテレビを家族で視聴する時間帯を避け，深夜にオンエアした。しかしながら，アメリカ家族協会からの反発は凄まじく，IKEAの店舗をボイコットするよう呼びかけた。またニューヨークのロングアイランドのIKEAの店舗に爆弾を仕掛けるという脅迫もなされた。そのような反対運動や脅迫に屈せず，IKEAはこの広告キャンペーンを続けた。さらにLGBTQのみならずシングルマザーや養子縁組家族，子供が巣立った後の親世帯など多様な生活者を広告キャンペーンに取り込んでいった。2013年にオーストリア，2015年に米国でオンエアされたテレビ・コマーシャルは性的マイノリティ（LGBTQ）の消費者を対象にした広告展開である。そのメッセージは "All homes are created equal."（すべての家庭は平等につくられている）という明快なもので，多様な価値観を支持する企業イメージを打ち出している。この広告を制作したのはWPPグループの Ogilvy & Mather Worldwide である。オンエアする時間帯は深夜が選ばれており，ファミリーや子供の視聴時間ではない配慮がなされている。このようなIKEAによるLGBTQを対象にした同じコンセプトの広告はロシアでも展開されている。今後，LGBTQに限らずターゲットのライフスタイルを細分化して，ライフスタイルのダイバーシティ（多様化）を深く考えたインクルーシブ（包括的）・マーケティングを実施することが求められるであろう（図表7-4-2および図表7-4-3参照）。

　このように企業が消費者の価値観の変化に敏感に対応し，広告表現を決定する背景には消費者によるSNSや動画サイトへの情報発信により好意や批判が一瞬にしてグローバルに拡散することが挙げられる。米国で2011年にオンエアされたP&GのDoveにおけるテレビ・コマーシャルが「黒人女性がDoveを使用すると白人になる」という広告表現を展開したため，SNSで人種差別的であると大炎上し，一気にDoveの不買運動につながった。

　また近年，パリ協定（COP21）で策定され地球温暖化の目標や国際連合に

■図表 7-4-2　インクルーシブ・マーケティングの概念図

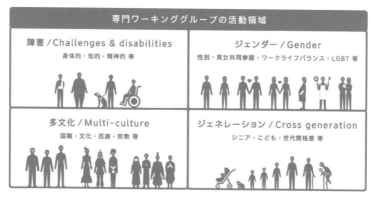

（出所）　電通のウェブページ「インクルーシブ・マーケティング」より。

■図表 7-4-3　日本のダイバーシティ＆インクルージョンの実態

（出所）　電通のウェブページ「電通ダイバーシティ・ラボ　LGBT 調査 2018」より。

よって提唱された持続可能性のある社会の実現のための 17 の目標からなる SDGs（Sustainable Development Goals）を意識したプロモーションもグリーン広告（Green Advertising）として注目されている。グローバルに企業が環境を改善し，社会的責任を果たすことを真摯に示さなければ，さまざまなステークホルダーからの信頼を得ることはできない。2007 年にはイタリアのプレミアム・カジュアルウエアである Diesel（ディーゼル）が地球温暖化に対する警告をその新聞・雑誌・屋外広告キャンペーンである "Global Warming Ready" シリーズとして展開した。広告制作はフランスのグローバル・エージェンシーである Marcel が担当している。このキャンペーンは高い評価を受けカンヌ国際広告フェスティバル（2011 年より「カンヌライオンズ 国際クリエイティビティ・フェスティバル」）のプリント部門銀賞（シルバーライオン）を受賞した。持続型社会の実現に対して，企業がどのように配慮しているのかを消費者に対して明確な広告メッセージとして伝えることは，グローバル・プロモーションを実施する上できわめて重要になっている。

7.5 事例：グローバル・プロモーションにおける親会社と現地拠点の関係

　グローバル・プロモーションを成功させるために不可欠な企業（広告主）の親会社と現地拠点（以下，現地特約店）の協働関係がどのようなものかについて説明したい。そこで，日本の自動車メーカーである株式会社 SUBARU（以下 SUBARU）のグローバルモーターショーの事例を紹介する。SUBARU は 1953 年に創立され（1917 年創業），自動車と航空機，宇宙関連機器ならびにその部品の製造販売および修理が主な事業内容である。2019 年 3 月末時点の売上高は 3 兆 1,605 億円，全世界の自動車販売状況は 99 万台である（図表 7-5-1 参照）。

　自動車関連産業の見本市であるモーターショーは世界各国で開催されている（図表 7-5-2 参照）。SUBARU 本社が深く関与する重要なモーターショーとしては米国のニューヨーク（春・3 月に開催）とロサンゼルス（秋 11 月に開催），欧州・スイスのジュネーブ（春・3 月に開催）が挙げられる。

■図表 7-5-1　SUBARU の連結自動車販売台数の推移（千台）

地域・国名	2014 年	2015 年	2016 年	2017 年	2018 年	2019 年
国　内	181.6	162.8	145.3	158.9	163.4	135.3
米　国	441.8	527.6	582.7	667.6	670.9	659.7
カナダ	36.0	42.4	47.6	53.1	56.8	56.8
欧　州	31.8	35.7	41.8	40.9	40.2	32.1
ロシア	15.3	11.6	5.7	5.3	7.7	8.1
豪　州	39.5	38.9	44.6	49.1	55.7	41.7
中　国	44.8	53.8	44.4	44	26.9	22.8
その他	34.3	37.9	45.8	45.6	45.2	43.3
合　計	825.1	910.7	957.9	1,064.50	1,066.90	999.9

（注）　各年度 3 月末時点。
（出所）　株式会社 SUBARU のウェブページ「セグメント・地域別データ・地域別販売状況」
より筆者作成。

■図表 7-5-2　世界で開催される主要なモーターショー（2018 年–2019 年）

2018年	1月	2月	3月	4月・5月	6月・7月	8月	9月	10月	11月・12月
北米	デトロイト	シカゴ	ニューヨーク						ロサンゼルス
南米								サンパウロ（ブラジル）	
アジア			バンコク（タイ）	マニラ（フィリピン）北京（中国）	ブサン（韓国）ソウル（韓国）	ジャカルタ（インドネシア）		ホー・チ・ミン（ベトナム）	広州（中国）
欧州			アムステルダム（オランダ）ジュネーブ（スイス）	バルセロナ（スペイン）	ロンドン（英国）			パリ（フランス）	

2019年	1月	2月	3月	4月・5月	6月・7月	8月	9月	10月	11月・12月
北米	デトロイト	シカゴ		ニューヨーク					
南米								サンパウロ（ブラジル）	
アジア			バンコク（タイ）ソウル（韓国）	上海（中国）		ジャカルタ（インドネシア）		東京（日本）	広州（中国）
欧州	ブリュッセル（ベルギー）	ベローナ（商）（イタリア）	ジュネーブ（スイス）	バルセロナ（スペイン）			フランクフルト（ドイツ）		リヨン（商）（フランス）
その他地域								ソフィア（ブルガリア）	ドバイ（U.A.E）

（注）　デトロイト・ジュネーブ・パリ・フランクフルト・東京は世界 5 大モーターショーとされ
ている。乗用車と商業車を展示する総合展示と 2019 年のベローナやリヨンのようにトラック・
バスを中心にした商業車ショー（表中（商））も開催される。
（出所）　OICA（International Organization of Motor Vehicle Manufacturers）のウェブページを参照
し，筆者作成。

グローバル・プロモーションにおけるモーターショーのもっとも重要な役割とは「新車（とくにワールド・プレミア）」の発表である。どこで新車の発表をするかについては，発売予定時期と発表時期の最適なタイミングや新車の特性と地域の需要（米国の西海岸ならばスポーツクーペ，東海岸ならば SUV のような組み合わせ）を考慮して SUBARU 本社が決定を行う。3-4 年後を見据えてフルモデルチェンジ車種と各モーターショーの時期を組み合わせた基本プラン（ドラフト）を作成する。米国ショーに関しては SUBARU 本社海外企画部とスバル・オブ・アメリカ（SOA）によって調整が行われる。ジュネーブショーに関しては海外企画部とスバル・スイスによって調整が行われる。その後，担当部署から各車種の開発担当の横断的なプロジェクトチーム（個車 PT）に対して，各モーターショー向けの車両の製作や広報資料用に撮影しなければならない新技術のパーツやカットボディの手配などの相談・依頼がなされる。このように 1 年から 1 年半前のスケジューリングが詰まった後，役員より承認を受け，正式に「新車（ワールド・プレミア）」の発表プロジェクトが進行していく。重要なことは新車の開発に関しては SUBARU 本社が意思決定権を持っていることである（図表 7-5-3 参照）。

(1) 米国モーターショー

　SUBARU の米国での販売台数は全体の 60％強の 66 万台に及んでいる。これは米国における第 7 位の自動車メーカーとなる実績である。東海岸のニュージャージー州にあるスバル・オブ・アメリカ（SOA）は資本関係も SUBARU 本社 100％出資による企業であり，もっとも重要な現地特約店と位置付けられる。スバルの社内では現地特約店と呼ばれているが学術的には現地子会社（現地法人）を指す。2019 年 4 月のニューヨークショーの OUTBACK のワールドプレミアでは中村知美社長によるプレス発表が行われた（図表 7-5-4 参照）。米国におけるロイヤルカスタマーの愛するもの（アウトドア，サイクリング，スキー，ペットなど）を SUBARU も愛して，大切にすることを訴求した "Love Campaign（ラブ・キャンペーン)" は自動車メーカーの枠組みを超えた社会貢献活動も含め大成功している。モーターショーに関しては，新車（ワールドプレミア）の発表に向けて，SUBARU 本社海外企画

■図表 7-5-3　SUBARU のグローバルモーターショーのオペレーション

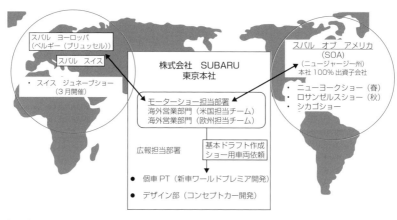

スバル　ヨーロッパ
（ベルギー（ブリュッセル））

スバル　スイス

・ スイス　ジュネーブショー
　（３月開催）

株式会社　SUBARU
東京本社

モーターショー担当部署
海外営業部門（米国担当チーム）
海外営業部門（欧州担当チーム）

広報担当部署

基本ドラフト作成
ショー用車両依頼

● 個車 PT（新車ワールドプレミア開発）

● デザイン部（コンセプトカー開発）

スバル　オブ　アメリカ
（SOA）
（ニュージャージー州）
本社 100％出資子会社

・ ニューヨークショー（春）
・ ロサンゼルスショー（秋）
・ シカゴショー

（出所）　筆者作成。

■図表 7-5-4　SUBARU のニューヨークショー（2019 年）

（出所）　株式会社 SUBARU 提供。

部と SOA のマーケティング担当副社長（VP）とモーターショー担当者がビデオ会議などを繰り返しながら戦略や車両の手配などの詳細を決めていく。初日のプレスデーには社長，経営幹部，現地特約店社長が発表スピーチを行う。発表スピーチの内容（広報資料）に関しては国内と現地の広報チームが詳細を決定していく。新車の発表時期は最適タイミングが優先されるため，ニューヨーク（3 月）とロサンゼルス（11 月）に合わない場合もあり得る。2019 年は新型 LEGACY がワールドプレミアとしてシカゴ・モーターショー（2019 年 2 月 9 日開催）に出展された。モーターショー会場からグローバルに発信される SUBARU のワールドプレミアのニュースは非常にインパクトがある。ワールドプレミアは世界中で販売されている車種（SUBARU XV・FORESTER・OUTBACK・WRX）が対象となる。

（2）　ジュネーブショー

　欧州のジュネーブショーはスバル・スイスが現地特約店として SUBARU 本社と協働で行う。2019 年 3 月 7 日に開催された第 89 回ジュネーブショーでは "SUBARU VIZIV ADRENALINE CONCEPT"（コンセプトカー）が出展された（図表 7-5-5 参照）。モーターショーの重要な役割は新車（ワールド・プレミア）の発表とデザイン開発の方向性を提示するコンセプトカーの発表の場合もある。コンセプトカーに関してはデザイン部が主体となって「SUBARU デザイン・フィロソフィー」である「DYNAMIC（躍動感）× SOLID（塊感）」を具現化する。SUBARU 車のデザイン方向性としてコンセプトカーを提案することで，好き嫌いの反応を知ることが目的である。どのような新車やコンセプトカーを発表するかに関しては SUBARU 本社の専権事項となっている。米国モーターショーやジュネーブショーに共通することであるが，現地特約店としてはより販売に結びつく車両展示を行いたい意向が強い。そこで発表行事がメインであるプレスデーは車両展示も SUBARU 本社主導で，一般公開日のパブリックデーに関しては現地主導で展示構成を決めることが多い。モーターショーの実施費用に関しては，発表内容により SUBARU 本社と現地特約店の間で負担割合を柔軟に決定している。車両展示に関連する特殊なカットモデルや VR（Virtual Reality：仮想現実）や AR

■図表 7-5-5　SUBARU のジュネーブショー（2019 年）

（出所）　株式会社 SUBARU 提供。

Column 7.1 ● ジュネーブショーの歴史

　ジュネーブショーは通称であり，正式には Salon International de l'Auto（サロン・アンテルナショナル・ド・ロト）という。その歴史は古く 1905 年から現在まで続いている。毎年開催される点が米国のデトロイトショーと同じである。ワールドプレミアの新型車や新製品の発表に活用されている。ジュネーブの国際空港から徒歩で移動できる Palexpo（パレクスポ）という国際見本市会場で実施される。世界中から自動車産業の関係者やプレスが取材に訪れる。2018 年の来場者は約 60 万人であった。スイスは永世中立国として知られているように，各メーカーのスペースの配分も公平に行われる。ジュネーブ市内まではバスやスイス国鉄で 20 分ほどである。美しいレマン湖のほとりには多くの高級ホテルもあるが，モーターショー期間中（特に一般オープン前のプレスデー）は 1 泊の値段も高額になる。自動車関係者は特急列車で 1 時間ほど離れたローザンヌに宿泊することも多い。企業にとっては出張費も大きなコストになるからだ。夜になると市内のレストランはスイス名物のチーズフォンデュに舌鼓を打つ関係者で賑わう。

（Augmented Reality：拡張現実）を使った技術展示などは SUBARU 本社が提供する。ショー会場で展示を見た他の現地特約店がモーターショー終了後に自国でのイベントなどに活用するためレンタルを申し出ることもある。米国・欧州においてもモーターショーという場と機会を利用して SUBARU 本社と現地特約店，さらには現地特約店間同士でさまざまな情報・知識の共有がなされる。

（3）　SUBARU 本社と現地特約店，現地特約店同士のコミュニケーション

　SUBARU 本社と現地特約店間のコミュニケーションは恒常的に行われている。また現地特約店間のコミュニケーションに関しては，SUBARU 本社によって東京モーターショー開催時に実施される世界特約店会議を機会としてネットワークができる。たとえば，現地特約店間では米国とカナダは隣接していることもあり，新車が立ち上がる際のプロモーション・アイデアや素材などを共有したりすることは頻繁に行われる。米国は市場規模が大きいため，米国（SOA）が独自に制作した映像素材をカナダが有償で使用させてもらうケースがある。基本的には SUBARU 本社の海外企画部がイントラネットに使用可能なマーケティング素材をアップロードしている。SUBARU 本社が制作した素材は各国が版権や使用条件に問題なければ，イントラネットを通じて各国特約店へ供給される。ロゴのデータや使いたい動画などの素材に関しては，現地特約店から親会社に使用に関する問い合わせが入る。最近はユーチューブのリンクを貼ることで対応する現地特約店が多い。親会社が制作した素材でなければ制作した現地特約店を紹介する。グローバル・プロモーションを成功に導くためには親会社と現地特約店，現地特約店同士がコミュニケーションを緊密にとることが重要である。その前提としては本社が意思決定を行う業務範囲と現地特約店が責任を持って実行する業務範囲の切り分けが明確になされている方が混乱はない。SUBARU においては，親会社はガイドラインなどを通じて方針を出し，制作については現地特約店の自主性を重んじる文化がある。その結果，現地特約店のモチベーションを高めているといえよう。

Column 7.2 ● 今後のモーターショーはどのように変化するか？

　モーターショーとデジタル化について触れたい。2019 年のジュネーブショーではレクサスがデジタル・プレスカンファレンスとして他の場所で撮影したプレス発表を iPad などのデバイスでいつでも見られる試みをしている。これは情報提供を目的としたライブイベントのあり方に一石を投じたと言えよう。また，日産自動車やプジョーなどが，2017 年 9 月のフランクフルトモーターショー出展を見送り，フォルクスワーゲンやボルボなどが 2018 年 10 月のパリモーターショー出展を見送っているという現象も起こっており，モーターショーのグローバル・プロモーションにおける役割の変化が見られることは明らかだ。本章の執筆にあたって，インタビューを引き受けていただいた株式会社 SUBARU の鈴木彰氏は「デジタル化によってモーターショーに無理をして出展をしなくても良いと割り切るメーカーも現れています。しかしながら，クルマに触ったり，乗ったりという体験がライブのイベントでしか提供できないことでもあり，会場での熱気をどう扱うかについては各メーカーの判断に関わってくると思われます。今後のモーターショーはイベントとしての『楽しさ』を提供する場に変化していくであろうと思います」とモーターショーの未来像を語る。ライブならでの「楽しい体験」がモーターショーに必要とされるということだろう。

　コネクティッドや自動運転による大きな産業構造の変化を与える自動車産業の国際見本市と消費者の関係は大きく変わってきた。2019 年 10 月に開催された東京モーターショーにおいても，ターゲットもこれまでの男性ユーザー中心から家族や子供が楽しめるモーターショーに変化してきた。これからのプロモーションにおける国際見本市はデジタルでは，体験できないリアルな面白さを提供することに活路がありそうである。その意味では来場者を誘引できるイベントに進化する可能性は残されている。

7.6 終わりに

　本章では，グローバル・プロモーションにおけるプレイヤーである企業 (広告主)—広告会社—メディアの関係を中心に，市場環境の変化によって，消費者の生活行動が様変わりしていることを説明した。**シェアリングエコノミー時代における消費者の行動は「AISAS」から「SAUSE」へと変化した**といわれる (図表 7-6-1 参照)。インターネット時代の消費モデルである「**AISAS**」は「Attention (**注意**)」→「Interest (**関心**)」→「Search (**検索**)」→「Action (**行動**)」→「Share (**共有**)」から構成されていたが，「**SAUSE**」は「Search (**検索**)」→「Action (**行動**)」→「Use (**一時使用**)」→「Share (**再販売**)」→「Evaluation (**評価**)」へ変化している (三菱総合研究所，2019)。モノのシェアリングが普及し，使用後に再び売却する意識が高まった結果，新品を購入する頻度が増加し，その価格帯も高価格へとシフトしている。チャネルもフリマアプリや SNS とデジタル一辺倒ではなく，リアル店舗も混在している。SNS など消費者が消費者に直接情報を発信し，影響を与える時代において効果的なグローバル・プロモーションとは何かを一言で説明することは簡単ではない。重要なことは，情報を発信する「送り手」側のプロモーション産業に関わるプロフェッショナルが「受け手」である消費者マインドに常に関心を向けておくことであろう。単純にメディアをデジタル化すれば解決するのではなく，消費者もまだ知らない未知の価値を共創するためには**「デジタル×非デジタル」のプロモーション**が一つの解決策になるのではないだろうか。

　プロモーション産業にとってはデジタル化とグローバル化は今後も重要なテーマである。消費者をアクティベーション (行動化) するという課題に対するソリューションがクリエイティビティ・情報技術・メディアの側面から継続的に提案されなければならない。

Column 7.3 グローバル・プロモーションを実行できる人材とは？

株式会社 SUBARU の鈴木彰氏に海外のモーターショーを現地特約店と協働するためにはどのような資質が必要であるかを質問してみたところ，「意思決定をするためには数字を根拠にして持ち出して議論をすることがバックボーンの異なる海外の人たちと仕事をするうえでは必要だと考えています。具体的には，いつまでに必要であると期日をしっかり伝えることや満足度を仮の数字でも構わないので目標値として示すことを意味します。数字は相手との理解の差がはっきりするし，想いがあっても言葉にできていない部分を埋めることができると思います」とファクト（事実）ベースで意志表示を心がけることが，相手のリアクションを引き出し，結果的に仕事が進むという。この心がけはグローバル・ビジネスを志す人にとっては大いに参考になるのではないだろうか。

■図表 7-6-1　シェアリングエコノミー時代における消費

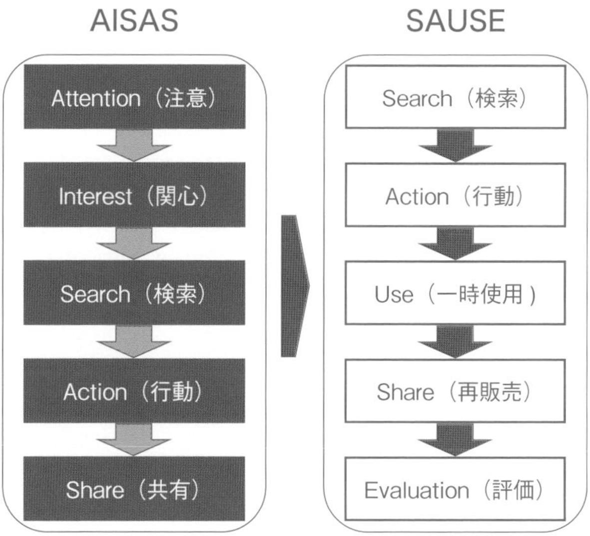
AISAS
Attention（注意）
Interest（関心）
Search（検索）
Action（行動）
Share（共有）
SAUSE
Search（検索）
Action（行動）
Use（一時使用）
Share（再販売）
Evaluation（評価）

（出所）筆者作成。

謝辞

本章の執筆にあたっては株式会社 ADK クリエイティブ・ワンの小野満志呂氏，株式会社 SUBARU 経営企画本部市場戦略部・鈴木彰氏のご協力をいただいた。ここに心からお礼を申し上げる。

追記

2020 年 2 月以降，コロナウイルス感染の影響によって，世界各国で開催予定の国際見本市が相次いで中止，または延期となっている。本章で紹介しているジュネーブショー（第 90 回）はプレスデーが 3 月 2 日から 4 日，一般公開が 3 月 5 日から 15 日に予定されていたが，開催 3 日前に中止の決定がなされた。ジュネーブショーの公式サイトを訪れると，バーチャル・プレスデーが設けられており，各社の最新モデルがチェックできるようになっている。このようにグローバル・プロモーション，国際見本市のデジタル化をウイルスのパンデミック（大流行）が一層促進したといえよう。

第8章

グローバルな企業間関係の構築

8.1　企業間関係

　本章では，企業間関係における基本的な概念を整理したうえで，グローバルな取引形態について論じる。企業はそれを取り巻く社会的・経済的な利害関係者集団との相互作用の中で存続している。たとえば，自動車の場合，1台の車を完成させるためには2～3万点の部品が必要であり（図表8-1-1），完成車メーカーはそれらすべてを自社で内製するのではなく，多くの部品を外注する。日本の完成車メーカーは，各社の調達戦略によって異なるが，部品の外注比率は製造原価の70%以上であるといわれている。さらに，各要素部品の相互依存が非常に大きいという特徴を持っており，関連企業との関係形成をいかに行っていくかが，企業の存続・成長にとってきわめて重要な課題になっている。

　企業間関係における取引形態については，企業と市場，そして中間組織を考慮するのが一般的である。まず，取引コスト論において伝統的な考え方である企業か市場かという選択は，取引を行う経済的制度のコストにより決定されるとウィリアムソン（Williamson, 1975）は述べている。この企業と市場という取引形態を連続体として考え，企業と市場との中間に位置するのが中間組織である。中間組織は，取引の側面からみれば，内部組織取引と市場取引との中間的なものである。

　企業か市場かという選択は，取引を行う経済的制度のコストにより決定される。この取引をめぐるコストを節約するメカニズムに注目して分析を行うと，内部組織取引であれ市場取引であれ，取引コストは基本的に次の2つの要因によって規定される。第1は，取引される製品やサービスの特性，および取引が行われる場の客観的特性である。第2は，取引に関わる主体，ないし意思決定者の人間的な性質である。これらの要因は取引の状況を左右し，取引コストに影響を与える。

　企業間関係は企業と企業との良好な取引関係を通して相互依存的な価値創造活動を模索するプロセスである。とりわけ，企業活動のグローバルな展開を背景に，企業間関係はよりダイナミックな形態をみせている。

■図表 8-1-1　自動車製造に使用される主要な材料および部品

主要な材料	使用例	主要な部品
鋳鉄	シリンダーブロック	スプリング，ダンパー
普通鋼	車体	ターボチャージャー
特殊鋼	アクスルシャフト	ベアリング
銅	ラジエター	ポンプ類などの機械加工部品
鉛・錫・亜鉛	バッテリー	タイヤ，チューブ
アルミニウム	ホイール	ウィンドーガラス
貴金属	排気ガス浄化用部品	ジャッキ等搭載工具類
その他非鉄金属	メッキ用	消火器，タイヤチェーン等の用品類
合成樹脂	バンパー	電子制御システム（センサー等）
ガラス	ウィンドーガラス	照明機器，電線，光ファイバー
ゴム	タイヤ	エアコン，空気清浄器
セラミックス	プラグ	スターター，オルタネーター，ジェネ
繊維	シートベルト	レーター，インバーター，メーター類
皮革	シート	オーディオ機器，電話，ナビゲーショ
紙	フィルター	ンシステム
木材	荷台	アンチロックブレーキ，エアバッグ，
塗料	塗飾用	トラクションコントロール等安全機器
化学製品	ブレーキオイル	装置
動植物油	鋳型用	コークス（鋳物用）
油脂類	切削用	石油・電力・ガス（燃料等）

（出所）　日本自動車工業会ウェブページを参照して筆者作成．
　　　　http://www.jama.or.jp/industry/industry/industry_2g1.html.（2019 年 9 月 17 日アクセス）。

Column 8.1 ● 企業間における関係形成のパターン

　企業間における関係形成の基本パターンとしては，①ヒエラルキー構造を形成する支配関係と②ネットワーク構造を形成する協力関係に分類することができる（谷本，1994，50-57 頁）。

大分類	中分類	主な戦略	企業間関係
支配関係	資本による一体化	・資本の垂直的・水平的・多角的な結合による外部成長戦略 ・内部化戦略	・直接的な企業間結合 ・水平的・垂直的・多角的なグループ化 ・さまざまな支配—従属関係
	グループによる一体化	・複数の企業がグループとして結びついていく系列化戦略 ・リスク回避やコスト分散を目指した結合戦略 ・企業集団，買収や資本参加，分社化，下請系列など	・タテ型の企業グループ化 ・技術や情報を介したタテ型のネットワーク関係 ・買収や資本参加に基づく関係
協力関係	ネットワーク化	・多様な企業がヨコに緩やかにつながっていくネットワーク化 ・研究開発型ネットワーク，技術交流型ネットワーク，異業種交流型ネットワーク，流通ネットワーク，生産ネットワークなど	・ヨコ型のネットワーク関係 ・参加型ネットワーク関係 ・対話的コミュニケーション関係

8.2 企業間関係形成の動機

　経済社会の活動は，企業の主体的な支配と管理による資源配分と市場での取引による資源配分において，適切な社会的生産資源の配分が決定されていると考えられる。しかし，現実的には，企業と市場の間には，きわめて特異な意味を持つ調整が行われていると考えられる。それが企業間関係の形成による資源配分ということになる。この企業間関係の形成によって，企業や市場という調整制度ではなし得ない，新たな合理性が求められるのである。つまり，企業間関係の形成は，規模の経済，範囲の経済，そして連結の経済を実現する有力な手段となっている（*Column* 8.2 参照）。

　企業間関係の形成は，国家政策などの外圧による特異な状況を除けば，基本的には個別企業の経営的な意思決定に基づいて形成される。企業間関係が形成される動機は，企業の行動目標としての経済的利潤を獲得することである（柿崎，2001）。経済的利潤の獲得を企業活動の成否を判断する基準の一つにするのであれば，企業間関係の形成は総収入の増加ないし総コストの低減に貢献することが要求される。まず，総収入の増加への貢献としては，企業間関係形成による競争相手の現象や共通の競争相手に対する競争力の強化などが考えられる。企業は，企業間関係を形成することで補足的な資源や能力を獲得・活用することができる。たとえば，共同調達や製品開発，市場参入，販路拡大，知的財産の獲得などから競争力を強化し，総収入の増加を図ることができるのである。すなわち，企業間関係の形成によって総コストの低減が図られることが考えられる。

　企業間関係は，企業システムにおける調達・生産・販売・情報コストなどの問題の部分的あるいは全体的な課題解決を目的に形成され，それらの低減の実現を図るものである。さらに，企業の組織的合理化を意図する企業間関係の形成は，動機づけコスト，調整コスト，統治コストをも低減する場合があり得る。つまり，個別企業の経営的な意思決定に基づいた企業間関係の形成は，経済的な利潤のみならずその他のリスクを軽減することができる。

Column 8.2 ● 規模の経済，範囲の経済，連結の経済

■規模の経済

　規模の経済とは，事業規模を拡大することによって，1つ当たりの平均コストが下がり，利益増大が見込めることである。たとえば，生産規模を拡大すると製品1個当たりのコストが低減する。電気・ガス・水道・通信などの巨額な設備投資が必要な事業分野や大量生産体制を組める大規模企業の方が規模の経済を享受できる。規模の経済は生産設備拡大から得られる効果のみならず，企業間の連携により活動規模が大きくなることで，低コストでの製品の製造が可能になる現象をも意味する。それは，企業間連携によって活動規模を拡大することで得られるコスト低減および利益増大の効果のことを指す。

■範囲の経済

　範囲の経済は一企業の視点および企業間連携の視点に分けて考えることができる。一企業の視点からは，複数の製品やサービスをそれぞれ別々の企業が提供する場合よりも，単一企業で多様な製品やサービスを提供する場合のコストが低くなることを意味する。企業間連携の視点からは，複数の企業間で連携することで異なる製品やサービスの組み合わせを利用して相乗効果を図ることを意味する。単一企業の事業拡大や経営多角化，そして複数企業間における連携による事業拡大や経営多角化を目指す企業にとっては，範囲の経済への関心が求められる傾向がある。

■連結の経済

　連結の経済とは，異なる企業が業種や国・地域の枠を超えて連結することで相乗効果が発揮され，単なるコスト低減の効果以上の効果が現れることを意味する。このような企業間連携によって，相互性のある各主体者の活動や企業・業種・国・地域などをつなぐプロセスの活動に効率化や差別化がもたらされ，新たな市場を創出ことができると考えられる。連結の経済により，相互活動の相手を含む当該連結主体の競争力の向上，供給体制の確立による事業活動の安定化をもたらす効果が期待される。なお，上記の3つの概念は独立した概念ではなく，相互に作用し合理性を享受できる場合が多い。

8.3 グローバルな企業間関係

　市場および企業活動のグローバルな展開により，国内外を問わず最適な企業間関係を構築することが要求されている。日本の製造企業はいち早くから生産拠点のグローバル化を進めてきた。アジアを中心とした生産拠点の海外展開は，中国や東南アジア，インド，中南米，ロシア，さらにアフリカへと進出範囲を拡大しており，製造業の生産拠点の海外展開は今後も継続すると見込まれる。

　生産拠点の海外展開によって，原材料や部品の調達先も現地化が進展している（日本貿易振興機構，2018 年調査より）。現地での製造原価に占める材料費の比率は約 6 割であり，コスト低減のために現地調達率を引き上げる企業の割合は全体の 64.5％であった。日本からの調達率を引き上げると企業は7.7％であり，2017 年調査結果（13.7％）より低下している。他方，ASEANからの調達比率を上げる企業は 25.5％と 2017 年調査結果（22.8％）より上昇した。国・地域別にみると，中国（66.3％），ニュージーランド（65.0％）の現地調達率が高く，とりわけ中国における輸送機械器具の場合は 71.4％と最も高かった。

　生産拠点のグローバル化は現地調達率の拡大につながり，さらに市場の広域化にもつながる。国外で生産し日本へと逆輸入される割合は依然として高いが，国外で生産し国外で売り上げる割合も高くなっている（*Column* 8.3参照）。したがって，対外直接投資による親会社と現地子会社間のみならず，関連企業間や進出先企業間における経営資源の調整および統合が重視される。グローバル市場で競争を繰り広げる企業において，グローバルな企業間関係の構築や調整は避けて通れない課題となる。グローバル・ビジネスにおいて企業を取り巻く環境は国内と比較にならないほど複雑であり，その中で存続・成長していくためには単一企業の枠を超えて国内外の企業と連携することが必要不可欠となる。

　グローバルな企業間関係の構築にはさまざまな企業間関係形成の形態が存在する。企業間関係形成の形態には，資本による一体化のような支配関係の

Column 8.3 ● **生産拠点の海外移転と調達**

日本貿易振興機構（JETRO）では 2018 年 10 月から 11 月に，東北アジア，東南アジア，南西アジア，オセアニアの計 20 か国・地域に進出している日系企業に対して，現地での活動実態に関してアンケート調査を実施した。**図表 8-3-1** は海外進出した日系企業が現地製造する代表的な原材料や部品の代表的な品目について，日本の製造原価を 100 とした場合の現地での製造原価を示している。現地での製造原価は平均 78.7 であるが，国・地域別ではオーストラリア（106.1），ニュージーランド（100.9）は日本より高く，バングラデシュ（51.2），ラオス（50.4）が日本より低いのがわかる。多くの日系企業が進出している中国，ベトナム（両国ともに，n=366）では，それぞれ 80.5 と 73.1 であった。

とりわけ，海外進出日系企業の輸出先の内訳（全産業）において日本の構成比が依然として高いことは注目に値する。現地での売上高に占める平均輸出比率は 35.1％であるが，その中，日本への輸出（逆輸入）は平均 43.9％であった。

■図表 8-3-1　海外進出日系企業の原材料・部品の調達（製造業のみ）

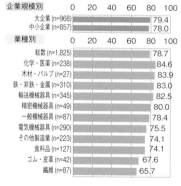

日本の製造原価を 100 とした場合の現地での製造原価（企業規模別・業種別）

企業規模別
- 大企業 (n=968) 79.4
- 中小企業 (n=857) 78.0

業種別
- 総数 (n=1,825) 78.7
- 化学・医薬 (n=238) 84.6
- 木材・パルプ (n=27) 83.9
- 鉄・非鉄・金属 (n=310) 83.0
- 輸送機械器具 (n=345) 82.5
- 精密機械器具 (n=49) 80.0
- 一般機械器具 (n=87) 78.4
- 電気機械器具 (n=290) 75.5
- その他製造業 (n=223) 74.1
- 食料品 (n=127) 74.1
- ゴム・皮革 (n=42) 67.6
- 繊維 (n=87) 65.7

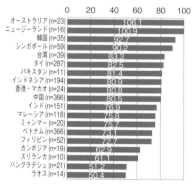

日本の製造原価を 100 とした場合の現地での製造原価（国・地域別）

- オーストラリア (n=23) 106.1
- ニュージーランド (n=16) 100.9
- 韓国 (n=35) 92.7
- シンガポール (n=59) 90.2
- 台湾 (n=39) 83.3
- タイ (n=287) 82.5
- パキスタン (n=11) 81.4
- インドネシア (n=194) 80.9
- 香港・マカオ (n=24) 80.8
- 中国 (n=366) 80.5
- インド (n=151) 76.9
- マレーシア (n=118) 75.8
- ミャンマー (n=20) 75.7
- ベトナム (n=366) 73.1
- フィリピン (n=52) 72.7
- カンボジア (n=19) 62.9
- スリランカ (n=10) 61.1
- バングラデシュ (n=21) 51.2
- ラオス (n=14) 50.4

（注）　ここでの製造原価とは，製品製造のために使われた費用で，生産現場での材料費，労務費，その他の経費と定義した。
（出所）　日本貿易振興機構（2018）『2018 年度 アジア・オセアニア進出日系企業実態調査』，44 頁。

ほか，契約などの制度を通した調達，生産，販売などの領域における業務提携などの協力関係もある。

8.4 ライセンシング

　グローバル・ビジネスにおいて，ライセンシングは技術移転を目的とする取引形態の一つである。それは，特許権などの権利保有者であるライセンサーが，保有する特許やノウハウ，商標などの知的財産を，一定の対価により第三者（ライセンシー）に対してその権利行使を許可することをいう。

　ライセンシングの当事者の一方であるライセンサーは，相手方であるライセンシーに対し，対価を支払うことで知的財産・知的財産権の実施・使用・利用を許諾するライセンス契約を交わす（図表8-4-1）。ライセンス契約では，与える側のライセンサーと受ける側のライセンシーが当事者となる。ライセンス契約の対象は，知的財産および知的財産権である。知的財産とは，人間の創造的活動により生み出されるもの（発明，考案，植物の新品種，意匠，著作物など），そして事業活動に有用な技術上または営業上の情報（商標，商号など）のことである。知的財産権とは，特許権，実用新案権，育成者権，意匠権，著作権，商標権などが含まれる。その他，事業活動に有用な技術・営業上の情報として営業秘密もライセンス契約の対象となる。

　ライセンスの種類には，独占的実施権と非独占的実施権があるが，ライセンスの対象や各国のライセンスに関する法規制などによって異なる。ライセンスの範囲としては，製造，使用，販売のみならず，輸出や輸入についても特定される。国際的ライセンス契約においては，許諾地域の指定，並行輸入と知的財産法，独占禁止法との問題を検討する必要がある。なお，ライセンス契約期間や期間満了後のノウハウの使用についての規定も必要となる。

　ライセンスの対価にはさまざまな分類方法があり，実績を考慮しない対価と実績を考慮した対価に区分することができる。前者の場合，ライセンスに基づく許諾製品の製造，販売などに関係なくライセンス契約時に支払う契約締結交渉経費，研究開発費の一部負担，ノウハウ開示料などである。後者の

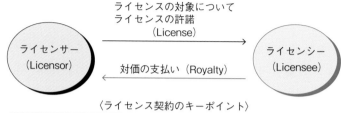

■図表8-4-1　ライセンシングの概念図

〈ライセンス契約のキーポイント〉

キーポイント	内　容
当　事　者	当事者は誰と誰か？
対　　　象	対象は何か？
ライセンス	どのような範囲のライセンスを許諾するのか？
対　　　価	許諾対価はどれほどか？

（出所）　特許庁（2011）『技術移転とライセンシング』社団法人発明協会アジア太平洋工業
　　　所有権センター，13 頁。

Column 8.4 ● 三陽商会とバーバリーのライセンス契約

　1942 年創業のアパレルの名門である株式会社三陽商会と英国バーバリー・リ
ミテッドならびにバーバリー・ジャパン株式会社とのライセンス契約が 2015
年 6 月に終了した。

　1965 年のバーバリーコートの日本における輸入販売を契機に，1970 年には
日本国内におけるバーバリー・ブランドのアパレル商品の企画・製造・販売に
ついてバーバリーグループよりライセンス供与を受け，また 1996 年にバーバ
リー・ブルーレーベル（女性用），1998 年にはバーバリー・ブラックレーベル
（男性用）を立ち上げるなど，積極的な事業拡大を行ってきた。

　三陽商会の年間売り上げの約半分がバーバリーとのライセンス製品によるも
のであり，ライセンサーであるバーバリーの全世界のライセンス収入の 60％以
上を占めていたが，バーバリーの売上高全体からみると 3％程度であった。
バーバリーはブランドの再構築のためにライセンス契約を終了させ，本国本社
によるグローバル・ブランド管理に乗り出し，長年のパートナーとの決別に
至った。

場合は，出来高払いのロイヤルティと定額払いのロイヤルティに大別される。

8.5 M&A

　企業が海外進出する方法としては，進出先に企業を新設するグリーンフィールド投資，そして既存の海外企業を買収する M&A（merger & acquisition：合併・買収）投資がある。吉原（2015）は日本企業の海外進出にはグリーンフィールド投資が多かったが，昨今は M&A 投資が増えていると指摘する。その理由としては，以前の主な進出先であったアジアの発展途上国では買収対象となる企業が少なく，企業買収の経験が少なかった日本企業はグリーンフィールド投資をとることが多かった。しかし，日本企業が欧米先進国に進出することで M&A 投資が増えてきた。

　日本企業がグローバル競争の中で時間をかけずに必要な経営資源を獲得するための有効な手段として M&A が期待されている。しかし，2017 年の経済産業省「我が国企業による海外 M&A 研究会」での調査結果からは，日本企業による海外 M&A の成功率について，成功 37%，失敗 21%，どちらともいえない 42% であった（経済産業省，2018）。同調査は日本経済団体連合会加盟企業を中心に，2001 年以降に実施した海外 M&A の買収目的や財務指標の達成度などについて回答企業の主観により判断された結果を基に算出している（調査依頼企業は約 1,360 社，有効回答は 145 件。それぞれの企業が設定した目的・指標を 8 割以上達成した場合を成功とし，5 割未満であった場合は失敗とした）。

　同調査では海外 M&A が国内 M&A やグリーンフィールド投資と比べて困難である要因として以下のようにまとめている。まず第 1 に，情報取得の困難さである。海外市場は国内市場に比べてターゲットとしている企業・事業の状況や見通し，リスクについての情報が十分取得できない。そのため，対象企業の株価などに対する適切な評価・判断が難しい。第 2 に，規制・税制・法制度などの相違である。事業に関わる規制などの制度面での違いが障壁となる可能性がある。第 3 に，言語・文化の違いや物理的な距離・時差の存在である。そのため，対処企業との適切なコミュニケーションがとれず，思わ

■図表 8-5-1　M&A の目的

カテゴリー	内容	リスク度合	統合度合
垂直統合	既存事業におけるバリューチェーン機能補完	低	高
地域拡大	既存事業における地理的事業領域の拡大	中	中
製品・経営資源獲得	既存事業の製品ポートフォリオやパイプラインの拡充，または技術力・生産能力・人材の獲得	中	中
自社変革	規模の大きな同業他社買収による業界内の地位向上。自社の企業変革が求められる	高	高
新規事業参画	これまで手がけていない新規事業への参入	高	低

（出所）　経済産業省（2019）『海外 M&A と日本企業〜 M&A の最前線に立つ国内外の企業の声からひもとく課題克服の可能性〜』，36 頁。

■図表 8-5-2　M&A の実施状況（2018 年）

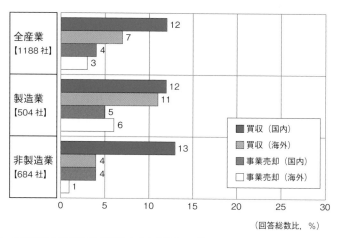

（注）　調査対象：資本金 10 億円以上の大企業 3,141 社。
　　　　回答状況（回答率）：1,188 社（37.8％）。
（出所）　日本政策投資銀行（2019）『2018・2019・2020 年度 設備投資計画調査』，22 頁。

ぬトラブルやリスクが顕在化する可能性がある。各企業が海外 M&A に取り組む目的は種々多様であるが代表的な目的は**図表 8-5-1** を参照されたい。

8.6 戦略提携

　戦略提携とは，複数の独立企業における対等，互恵的，および計画的な協力活動である。それは，M&A と異なり独立企業間の特定業務に関する協力活動である（竹田，1998，2001）。戦略提携は，1980 年代を境に変質を遂げ，従来の当事者間における支配従属的関係を経営上流動的に活動できる対等な関係へ変えることを意味する。従来の提携はリスクの軽減や資本節約が中心的動機となっていたのに対し，現在ではパートナー間の得意技術や生産設備の提供による新製品の生産，各種製品の生産拡大や技術と販売網の結合による新市場参入，コスト低減，リスク分散といった多様な動機によるものである。このような戦略提携の範囲は，既存の支配従属的関係と同様，契約や資本に基づく結びつきをも含む。とりわけ，戦略提携は，「戦略」という計画的な協力活動を意図していることと，「提携」という対等な関係であることで既存の企業間の結びつきと異なる特徴を有する。

　安田（2016）は提携の形態について，経営資源に注目し分類している。図表 8-6-1 のように，企業間で交換される経営資源を，資金資源，販売資源，生産資源，人材資源，技術資源に分けており，それぞれの企業が有する経営資源を対象にした提携が行われる。X 社が必要とする経営資源を Y 社が保有し，Y 社が必要とする経営資源を X 社が保有している場合，互いに相手の保有する経営資源を活用し合うこと，そのためにそれぞれの経営資源を提供し合うことが想定される。

　2015 年 11 月，ファーストリテイリングと東レは 2016 年から 5 年間の戦略的パートナーシップ（第 3 期）を発表した。東レは自社の機能性素材で「ヒートテック」「ウルトラライトダウン」などの衣料品を製造し，ファーストリテイリングに納めており，販売情報と生産情報を共有している。両社は 2006 年に第 1 期の戦略提携を締結し，5 年ごとの衣料の取引量の計画や事

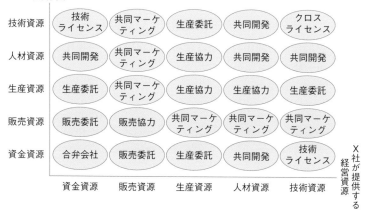

■図表 8-6-1　提携による経営資源の交換

Y 社が提供する
経営資源

	資金資源	販売資源	生産資源	人材資源	技術資源
技術資源	技術ライセンス	共同マーケティング	生産委託	共同開発	クロスライセンス
人材資源	共同開発	共同マーケティング	生産協力	共同開発	共同開発
生産資源	生産委託	共同マーケティング	生産協力	生産協力	生産委託
販売資源	販売委託	販売協力	共同マーケティング	共同マーケティング	共同マーケティング
資金資源	合弁会社	販売委託	生産委託	共同開発	技術ライセンス

X 社が提供する経営資源

（出所）　安田洋史（2016）『新版 アライアンス戦略論』NTT 出版，22 頁。

■図表 8-6-2　ファーストリテイリングと東レの主な取り組み

時期	主な取り組み
1999 年	共同開発スタート フリースの紡績糸供給
2000 年	東レ・ワンストップトータルサービス設置
2003 年	ヒートテックの素材開発
2004 年	ブラトップの素材開発
2006 年〜2010 年	第 1 期戦略的パートナーシップ 素材から最終製品までの一貫した共同開発体制構築 次世代素材開発プロジェクト開始 　―ヒートテック（2006 年） 　―エアリズム，ウルトラライトダウン（2009 年）
2011 年〜2015 年	第 2 期戦略的パートナーシップ グローバル化に対応する開発・販売・供給 戦略商品の高度化および新製品開発 グローバル供給拠点の拡充
2016 年〜2020 年	第 3 期戦略的パートナーシップ デジタル化（サプライチェーン変革） グローバル化（生産拠点の多極化）

（出所）　報道資料および IR 情報より著者作成。

業戦略を策定してきた。第3期の計画にはデジタル化とグローバル化による新しい産業の創出を強調している（図表8-6-2）。つまり，アパレル企業と繊維メーカーが協力し，事業拡大，市場の囲い込み，安定的供給を目指すものである（『日本経済新聞』2015年11月18日付）。経営環境の変化が激しさを増している中，国境を越えた戦略提携が増えている。グローバル企業間における対等で互恵的な協力関係の構築は容易ではないが，環境変化への柔軟な対応ができる点で注目されている。

8.7 サプライチェーン・マネジメント

サプライチェーン・マネジメント（Supply Chain Management，以下SCM）とは，サプライチェーン（供給連鎖）に存在する組織や企業間の連携を通して情報を共有し，業務を連携させることで経営資源を最適配分できる仕組みをつくることをいう。

原材料や部品などを供給するサプライヤーから購入ないし消費する顧客に至るまでの流れをサプライチェーンという。このサプライチェーンには川上から川下へと流れる商流・物流・情報流と，川下から川上へと流れる貨幣流・情報流が存在する。そして，この川上から川下へ，そしてその逆の流れをも含むヒト・モノ・カネ・情報の流れを最適化させるために管理することがSCMである。このような組織間あるいは企業間連携の仕組みは日本の自動車産業などでは古くから存在しており，戦後のトヨタのカンバン方式がその原点になっているともいわれている。

サプライチェーンに存在する組織や企業の間において情報を共有し，業務を連携するSCMは，アパレルや消費財メーカー，小売業も巻き込んで全産業に行き渡っている。たとえば，小売業は店舗の在庫や実売情報をアパレルや消費財メーカーに開示し，迅速な補充と在庫管理を可能にした。これらが米国ではじめられたQR（Quick Response），ECR（Efficient Consumer Response）と呼ばれる取り組みである。このQR，ECRが発展し，サプライチェーン全体のトータル在庫の最小化およびトータル・リードタイムの最短化を効率的

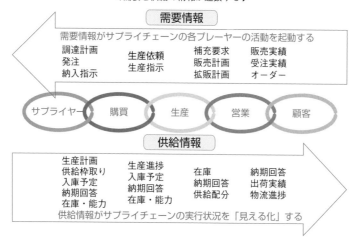

■図表 8-7-1　SCM における情報共有

◀需要と供給の情報が連鎖する▶

需要情報

需要情報がサプライチェーンの各プレーヤーの活動を起動する

調達計画	生産依頼	補充要求	販売実績
発注	生産指示	販売計画	受注実績
納入指示		拡販計画	オーダー

サプライヤー　購買　生産　営業　顧客

供給情報

生産計画	生産進捗		
供給枠取り	入庫予定	在庫	納期回答
入庫予定	納期回答	納期回答	出荷実績
納期回答	在庫・能力	供給配分	物流進捗
在庫・能力			

供給情報がサプライチェーンの実行状況を「見える化」する

（出所）　石川和幸（2017）『SCM の基本』日本実業出版社，21 頁。

Column 8.5 ● SCM の広がり

　SCM が対象とする活動は，調達・生産・販売・在庫・物流などである。このような業務および情報が IT（情報技術）やインターネット技術を活用し企業間および企業内の部門間に共有され全体最適化を図る経営手法である。サプライヤーやメーカー，卸，小売など複数の企業が密接に情報共有することで市場変化に迅速に対応できるシステムを確立し，在庫やリードタイムの削減を目指す。

　異なる企業間における情報共有をスムーズに行うため，企業間における情報システムの標準化の動きが広がっている。自動車業界においては部品調達の情報システムの標準化（業界標準ネットワーク，日本の JNX：Japanese Automotive Network eXchange など）が普及している。パソコンや半導体業界では，ロゼッタネットという非営利組織が中心となって SCM を実現するための取引手順の標準化を進めている。

に実現することが SCM の目指すところである。

　SCM では需要情報と供給情報の情報共有が必要である。需要情報には，実績としての情報（受注実績，出荷実績，販売実績など）と計画上の情報（需要予測，販売計画，キャンペーン計画など），そして実需がある。供給情報にも実績としての情報（入庫実績，在庫など）と計画上の情報（入庫予定，納期情報など）に分類できる。サプライチェーンの全体最適化はこれらの情報共有による業務プロセスの同期化によって実現される（図表8-7-1参照）。このような SCM は身近な日常生活に浸透しており，我々の生活を支えている。さらに，海外に拠点を持つ企業においては，世界各国の調達，生産，販売，在庫，物流などあらゆる情報を一元管理するためのグローバルな SCM の構築が必要となる。

第 9 章

情報化と
グローバル・ビジネス

9.1　情報化の進展

　情報化の進展が市場・経済のグローバル化を促進している。情報化の始まりは，1946年における世界最初のコンピュータ「ENIAC（Electronic Numerical Integrator and Computer，電子式数値積分・計算機)」の誕生であるといわれる（図表9-1-1）。その後のコンピュータ技術の進歩がコンピュータ産業や情報処理産業の基礎を作ったのである。さらに，コンピュータと通信ネットワーク機器の高性能化・小型化・低価格化・大容量化が急激に進み，情報化のスピードをさらに早めたのはいうまでもない。同時に，インターネットの普及は企業の競争環境を大きく変化させている。インターネットは多対多の情報共有の場を提供し，多対多の双方向コミュニケーションを可能にした。

　今日，情報技術（IT）は情報処理などの業務効率化のみならず，新たなビジネスモデルへの挑戦を後押しするツールである。それは，新たなビジネスチャンスを意味している一方，従来とは異なる新たな競争環境に直面するなど企業経営に与えるインパクトも広範に及んでいる。グローバル・ビジネスにおいては，グローバルな経営戦略のもとにITの導入および活用の方向性を明確にする必要がある。

　情報化の企業経営への影響の主な論点は，ITの導入および活用による競争優位，競争的機会，競争的利得などの獲得である。とりわけ，企業内外の情報システムに関連する業務プロセス関連技術や情報ネットワークの標準化が重要視され，たとえば，同じ業界内の取引企業間における情報発信や情報共有をスムーズに遂行させるための業界標準EDI（電子データ交換）が進められてきた（図表9-1-2参照）。

　情報ネットワークや情報・データ通信技術のオープン化やネットワーク化による経済的な合理性は当初から注目されている。グローバル・ビジネスにおいては経営資源配分の選択と集中のために業務プロセスや情報システムの全社的な共有化が重視され，国内外の企業間連携を支えるオープンな情報システムは必須である。

■図表 9-1-1　世界最初のコンピュータ「ENIAC」

（注）　1 万 8,000 本の真空管，消費電力は 140KW，重量 30 トン，開発費は総額 49 万ドル。
（出所）　GRANGER/時事通信フォト

■図表 9-1-2　BtoB（企業間）電子商取引における業界標準 EDI

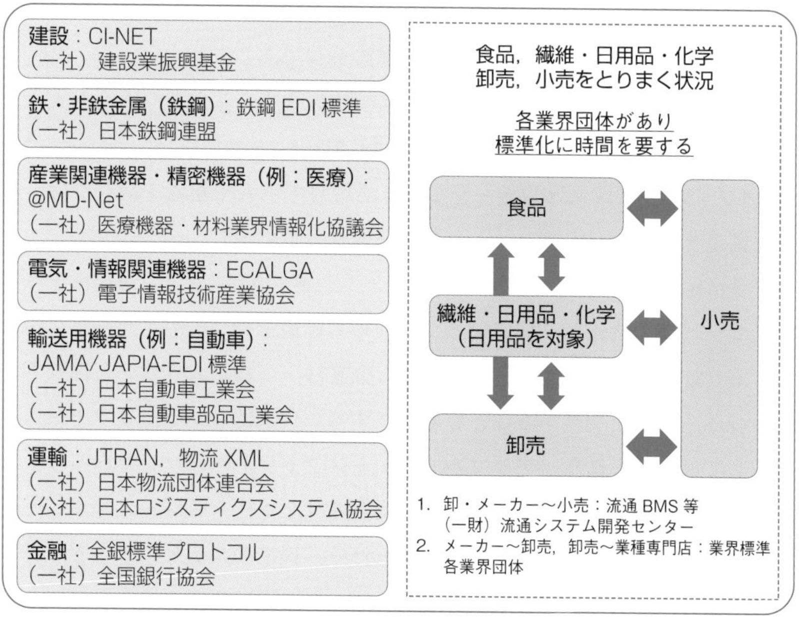

建設：CI-NET
（一社）建設業振興基金

鉄・非鉄金属（鉄鋼）：鉄鋼 EDI 標準
（一社）日本鉄鋼連盟

産業関連機器・精密機器（例：医療）：
@MD-Net
（一社）医療機器・材料業界情報化協議会

電気・情報関連機器：ECALGA
（一社）電子情報技術産業協会

輸送用機器（例：自動車）：
JAMA/JAPIA-EDI 標準
（一社）日本自動車工業会
（一社）日本自動車部品工業会

運輸：JTRAN，物流 XML
（一社）日本物流団体連合会
（公社）日本ロジスティクスシステム協会

金融：全銀標準プロトコル
（一社）全国銀行協会

食品，繊維・日用品・化学
卸売，小売をとりまく状況

各業界団体があり
標準化に時間を要する

食品

繊維・日用品・化学
（日用品を対象）

卸売

小売

1. 卸・メーカー～小売：流通 BMS 等
　（一財）流通システム開発センター
2. メーカー～卸売，卸売～業種専門店：業界標準
　各業界団体

（注）　記載は，業界：標準 EDI 名称，業界団体名の順。
（出所）　経済産業省（2019）『平成 30 年度 我が国におけるデータ駆動型社会に係る基盤整備（電子商取引に関する市場調査）』，88 頁。

9.2 ITの活用（AI，IoT，ビッグデータ）

ITの発展が企業間関係に与えた影響は大きい。ITを活用した継続的な顧客関係の形成や，広範な経営資源の結合（人的資源，設備，資本，情報など）は，各経済主体（個人，法人など）間関係に変化をもたらし，ひいては新たなビジネスモデルの構築を可能にする。さらに，ITを駆使することでグローバル・ビジネスは既存のシステムから制約されない分業構造の編成を容易にする。

1990年代後半からインターネットをはじめとするコンピュータ・ネットワークの存在によって，企業の活動スペースは社屋，地域，国境という垣根を越えて，今やグローバルになっている。ITをどう活かすかの優劣が差別化の鍵になっているといっても過言ではない。市場・経済のグローバル化や情報化といった経営環境の変化，そしてそれを克服するための新しい管理方法の推進はグローバル・ビジネスの課題の一つである。

新たなITの発展と普及はグローバル・ビジネスの考え方や手段を大きく変え得る推進力になっている。たとえば，AI（人工知能）やIoT（インターネット・オブ・シングズ），ビッグデータなどを活用して，人や組織を結びつけ，市場を創造するプラットフォーム企業が急成長している。

プラットフォームとは，他のプレイヤー（企業，消費者など）が提供する製品・サービス・情報と一体になって，初めて価値を持つ製品・サービスを意味する（図表9-2-1）。プラットフォーム企業は，プロデューサーと消費者を結びつけ，価値を交換することを可能にする。代表的なプラットフォーム企業としては，グーグル，アップル，フェイスブック，アマゾンであろう。これらのプラットフォームビジネスで成長を遂げた4社をGAFAと呼ぶことがある。その他にも，配車サービスのウーバー，民泊のエアビーアンドビー，動画配信のユーチューブなどがある。これらの企業は生産手段を所有するのではなく，つながる仕組みを作っており，新たな企業の参入も増えている。

図表9-2-2は2018年の世界の時価総額ランキングである。上位3社には，アップル，グーグル，マイクロソフトといった米国のグローバルプラット

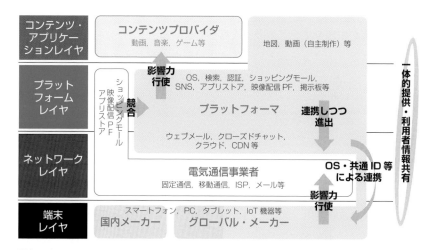

■図表 9-2-1　プラットフォームビジネスの拡大

（注）　プラットフォーマ（プラットフォーム企業）は，コンテンツ・アプリケーションレイヤや
　　　　ネットワークレイヤ，端末レイヤに進出しており，レイヤ（階層）を超えて影響力を拡大し
　　　　ている。
（出所）　総務省（2018）『プラットフォームサービスに関する研究会（第1回）配布資料』，9頁。

■図表 9-2-2　企業の時価総額（2018 年）

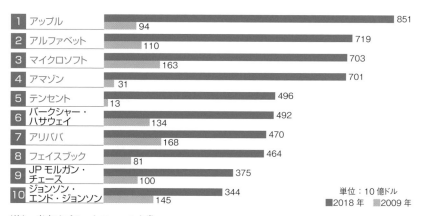

（注）　青字はプラットフォーム企業。
　　　　アルファベットはグーグルおよびグループ企業を含む持株会社。
　　　　テンセントはウィーチャット，アリババは電子商取引で知られる中国の IT 企業。
（出所）　総務省（2018）『プラットフォームサービスに関する研究会（第1回）配布資料』，5頁。

フォーマがランクインしている。図表 9-2-3 では，多様なプラットフォームを分類した。グローバルに活躍しているプラットフォーム企業は米国企業に限ったことではない。テンセント，アリババ，バイドゥ，楽天，ラインといった企業が中国やアジアの多くを席巻している。グローバル・ビジネスにおいて，プラットフォームという考え方は新たなビジネスモデルとなり得る。

9.3 電子商取引

9.3.1 日本の電子商取引市場規模

　2018 年，日本の BtoB（Business to Business：企業間）電子商取引の市場規模は 344 兆 2,300 億円（前年比 8.1％増）であった。2018 年規模が前年より拡大した業種は，上位順に，「卸売」，「輸送用機械」，「繊維・日用品・化学」，「電気・情報関連機器」であった。「その他」の業種を除いた BtoB 電子商取引化率は 30.2％（前年比 0.8％増）であった。

　BtoC（Business to Consumer：企業−消費者間）電子商取引においては，市場規模は 17 兆 9,845 億円であり，前年比 8.96％増加した。物販分野の BtoC 電子商取引化率は 2017 年の 5.79％に対し 2018 年は 6.22％（9 兆 2,992 億円）に上昇した（伸長率，8.12％）。物販分野の中でも，スマートフォン経由の BtoC 市場規模が 39.31％（3 兆 6,552 億円）であり，年々増加傾向にある。個人によるインターネット利用時の端末に関する統計データの結果では，2017 年からスマートフォン（59.7％）がパソコン（52.5％）を逆転しており，スマートフォンがインターネット利用の中心になっていることがわかる。

　世界の BtoC 電子商取引の市場規模はどのエリアにおいても拡大傾向にある。その背景には，スマートフォンなど，従来よりも安価に入手できるデバイスの普及，インターネット人口の増加，マーケットプレイスや物流システムの充実，決済機能多様化への対応，オンラインショッピングのインフラ整備，国際的な電子商取引（越境 EC）の機会増大などが起因しており，今後も市場拡大が期待されている。

■図表 9-2-3　プラットフォームの種類

交換型プラットフォーム		
サービス マーケットプレイス	ウーバー，エアビーアンドビー，ハンディー，インスタカート，グラブハブ	サービスの交換
プロダクト マーケットプレイス	楽天市場，ヤフーショッピング，イーベイ，アマゾン，タオバオ	製品の交換
決済 プラットフォーム	ペイペイ，ペイパル，スクエア，グーグルウォレット，アリペイ，アディエン	決済，支払い
投資 プラットフォーム	エンジェルリスト，レンディング・クラブ，サークルアップ，プロスパー	金融商品の交換
ソーシャル ネットワーキング プラットフォーム	フェイスブック，ツイッター，ライン，ティンダー，ネクストドア，レンレンワン，カカオストーリ	SNS を通した交流
コミュニケーション プラットフォーム	ライン，ドロップボックス，スカイプ，ウィーチャット，スナップチャット，カカオトーク	1 対 1 のメッセージ交流
ソーシャルゲーム プラットフォーム	ライン，マインクラフト，ドラフトキング，ポーカースターズ，ファンデュエル	複数のユーザーによるゲーム交流
メーカー型プラットフォーム		
コンテンツ プラットフォーム	楽天，ヤフー，iTunes，ユーチューブ，インスタグラム，ツイッター，ウェイボー，クックパッド	記事，写真，動画，レシピなど
開発 プラットフォーム	セールスフォース，フィットビット，トリディウム，アンドロイド，グーグルプレイ，iOS，ウィンドウズ，リナックス	ソフトウェアプログラム

（出所）　モザド・ジョンソン（藤原朝子訳）（2018 年）『プラットフォーム革命』英治出版を基に筆者作成。

9.3.2 越境EC

図表9-3-1は日本，米国，中国間の越境EC市場規模の推計結果である。日本の越境BtoC電子商取引（米国・中国）の総市場規模は2,765億円で，このうち，米国経由の市場規模は2,504億円，中国経由の市場規模は261億円であった。また，米国の越境BtoC電子商取引（日本・中国）の総市場規模は1兆3,921億円で，このうち，日本経由の市場規模は8,238億円，中国経由の市場規模は5,683億円であった。中国の越境BtoC電子商取引（日本・米国）の総市場規模は3兆2,623億円で，このうち，日本経由の市場規模は1兆5,345億円，米国経由の市場規模は1兆7,278億円であった。

日本の電子商取引事業者において，越境ECに対する期待は，ますます高まっている。言語や法規制などの制約や物流・決済手段での課題はあるものの，越境ECは海外市場開拓のための有力な手段となって行くと共に，成長分野であり，日本経済活性化の原動力になり得る可能性を秘めていると考えられるからである。

しかし，越境ECの主なプレーヤーは米国と中国の企業に占められている。2018年現在，世界41市場を対象に，過去1年間に越境ECを行ったネットユーザーに調査したところ，越境ECを行う場合の購入先事業者の第1位がアマゾン（23%，米国），第2位がアリババ／アリエクスプレス（16%，中国），第3位がイーベイ（14%，米国）であり，上位3社が米国と中国の企業であった（図表9-3-2参照）。

9.3.3 日本企業の越境ECへの取り組み

日本貿易振興機構が実施した「2016年度 日本企業の海外事業展開に関するアンケート調査」によると，回答企業（2,995社）のうち，電子商取引を利用したことがある企業は全体の731社（22.4%）であった。そのうち越境ECや海外拠点での販売にECを利用した企業345社の結果を図表9-3-3に示した。越境ECの販売先トップは中国49.6%であり，米国36.2%，台湾26.4%，香港22.6%，韓国19.4%が上位5か国を占める。なお，今後の販売先としては，中国43.8%，米国29.1%，台湾27.6%，香港25.3%，タイ25.1%であった。

■図表 9-3-1　越境 EC 市場規模（2018 年）

（単位：億円）

国 （消費国）	日本からの 購入額	米国からの 購入額	中国からの 購入額	合計
日本		2,504	261	2,765
（対前年比）		7.6%	7.4%	7.6%
米国	8,238		5,683	13,921
（対前年比）	15.6%		15.0%	15.3%
中国	15,345	17,278		32,623
（対前年比）	18.2%	18.5%		18.4%
合計	23,582	19,783	5,944	49,309
（対前年比）	17.3%	17.0%	14.6%	16.9%

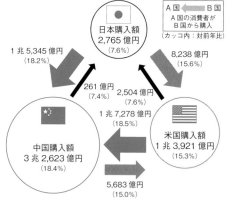

（出所）　経済産業省（2019）『平成 30 年度 我が国におけるデータ駆動型社会に係る基盤整備（電子商取引に関する市場調査）』, 103-104 頁。

■図表 9-3-2　越境 EC を行う場合の購入先事業者

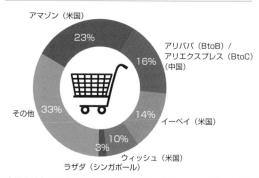

アマゾン（米国）23%
アリババ（BtoB）/アリエクスプレス（BtoC）（中国）16%
イーベイ（米国）14%
ウィッシュ（米国）10%
ラザダ（シンガポール）3%
その他 33%

（注）　世界 41 市場を対象に過去 1 年間に越境 EC を行ったネットユーザーに調査（n=33,500）。
（出所）　International Post Corporation（2019）, *Cross-Border E-Commerce Shopper Survey 2018*, p.12.

越境 EC における課題としては，回答率（複数回答）の高い順に，決済システムの信頼性（回答企業数の 25.2%），商品配送に係るリスク（同 24.2%），必要な人員の不足（同 21.1%），現地語への対応（同 21.0%），制度や規制に関する情報不足（同 21.0%）が挙げられていた。業種別にみると，製造業では，商品配送に係るリスクが最も高く（飲食料品，41.1%），非製造業では，物流コストが最も高い結果となっていた（小売り，52.5%）。

9.4 デジタルトランスフォーメーション

近年，多くの企業が競争優位の確立に向けた変革の必要性から，デジタルトランスフォーメーション（以下，DX）への取り組みを推進している。DX とは，AI や IoT などのデジタル技術によってビジネスや人々の生活のあらゆる側面をより良い方向へと変革させることを意味し，DX の推進によって生産性の向上やコスト削減，新ビジネス創出などへの期待が高まっている。たとえば，カーシェアリングサービスが実現したのも DX の一例といえる一方で，DX 推進にあたっては，さまざまな壁に突き当たるケースも散見される。

NTT データ経営研究所は，国内企業 1 万 4,509 社を対象に DX の取り組み実態についてアンケート調査を実施した（図表 9-4-1）。DX に取り組んでいる企業は 43.4% であり，企業規模が大きいほど取り組み企業の比率が高くなる傾向にあった。売上 1,000 億円以上の大企業では 77.9% の企業が，売上 500 億円未満の中堅企業では 34.0% の企業が DX に取り組み中であると回答している。

しかし，「DX の取り組みはこれまでのところ上手くいっていると思うか」という問いに対して，「強くそう思う」「概ねそう思う」と回答した企業は 42.4% であった。一方で，「そう思わない」「あまりそう思わない」という割合は 47.6% に上り，DX への取り組みが上手く進んでいない企業の方が多数派であった。とりわけ，DX 取り組み企業がどのような内容に取り組んでいるかについて調べた結果，「業務処理の効率化・省力化」が 84.0% で突出していて，「業務プロセスの抜本的な改革・再設計」では 61.1% であった。

順位	全体		大企業		中小企業	
	現在の販売先 (n=345)	今後の販売先 (n=1,018)	現在の販売先 (n=85)	今後の販売先 (n=177)	現在の販売先 (n=260)	今後の販売先 (n=841)
1	中国 (49.6%)	中国 (43.8%)	中国 (63.5%)	中国 (48.0%)	中国 (45.0%)	中国 (42.9%)
2	米国 (36.2%)	米国 (29.1%)	米国 (44.7%)	米国 (28.8%)	米国 (33.5%)	台湾 (29.6%)
3	台湾 (26.4%)	台湾 (27.6%)	台湾 (25.9%)	タイ (26.0%)	台湾 (26.5%)	米国 (29.1%)
4	香港 (22.6%)	香港 (25.3%)	香港 (24.7%)	ベトナム (22.0%)	香港 (21.9%)	香港 (27.2%)
5	韓国 (19.4%)	タイ (25.1%)	シンガポール/ 韓国 (22.4%)	シンガポール/ インドネシア (19.8%)	韓国 (18.5%)	タイ (25.0%)

（出所）　日本貿易振興機構（2018）『日本企業の越境 EC（電子商取引）の現状と課題』，86〜89 頁。

■図表 9-4-1　DX への取り組み状況

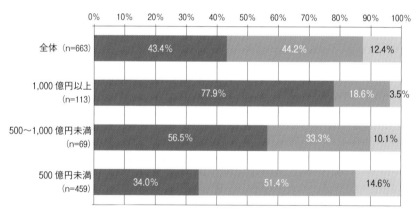

■具体的に取り組んでいる（アイディア出しや構想立案の段階も含む）　　■具体的に取り組んでいないが，興味がある　　■具体的に取り組んでおらず，興味もない

（注）　調査対象：国内の大企業・中堅企業 14,509 社。
　　　調査期間：2019 年 7 月 23 日〜 8 月 4 日。
　　　回答状況（回答率）：663 社（4.6%）。
　　　22 社が売上規模不明と回答。
（出所）　NTT データ経営研究所（2019）『日本企業のデジタル化への取り組みに関するアンケート調査〜日本企業の DX への取り組み実態，成功企業の特徴について〜』。

DXの目指すところは，デジタル技術を駆使したビジネスの手法やビジネスモデルの改革をもたらすことである。上記の調査結果からはDXへの取り組みによる成果としては，「ビジネスモデルの抜本的な改革」が16.9%，「顧客接点の抜本的な改革」が19.8%であった。「業務処理の効率化・省力化」は40.5%，「業務プロセスの抜本的な改革・再設計」は22.7%であり，業務効率化のみに導入成果がみられる。

9.5　オフショアリング

　オフショアリング（オフショアともいう）とは，企業の業務を海外に委託・移すことを意味し，具体的にはコスト削減のために，開発拠点や生産拠点，コールセンターなどを人件費の安価な新興国や発展途上国に移管することが挙げられる。

　IT業界では，インターネットの普及を背景に情報システムやソフトウェアなどの開発を海外子会社に移管するか，海外企業にアウトソーシングやBPO（ビジネス・プロセス・アウトソーシング）することをオフショア開発という。オフショア開発の主な目的は，人件費の削減であるが，近年，海外委託先の人件費水準が高騰したことで，対日オフショアの撤退や縮小が相次いでいる（図表9-5-1）。

　1990年代から中国沿岸部や北京で相次ぎ対日オフショア拠点を立ち上げた日本ベンダーも例外ではない。富士通は2014年に約300人いた北京の人員を2017年には半分の150人まで減らした。NTTデータは2012年に北京と上海で合計1,020人いた人員を2017年に4割に当たる390人にまで削った。人件費の安さを求めて中国内陸への移転も進んでいる。NECやNTTデータは次なるオフショア開発のために，中国全体の規模を縮小し，ベトナムやインドなどで人員を確保するように変化している（日経コンピュータ，2018）。

　中国やベトナムは日本語でコミュニケーション可能なITエンジニアが多いため，日本との間のコミュニケーションがとりやすいメリットがあるが，

経済産業省では 2019 年 7 月，日本企業におけるデジタル経営改革を推進するため『「DX 推進指標」とそのガイダンス』を公表した。近年，各企業では，競争力維持および強化のために，DX を進めていくことが求められている。しかし，多くの企業では実際のビジネスの変革にはつながっていないというのが現状である。

DX 推進指標は，各企業が簡易な自己診断を行うことができる指標であり，各項目について，経営幹部，事業部門，DX 部門，IT 部門などが議論をしながら回答することを想定している。具体的には，「DX 推進のための経営のあり方，仕組みに関する指標」および「DX を実現する上で基盤となる IT システムの構築に関する指標」の定性指標・定量指標から構成されている。

■図表 9-5-1　大手 IT ベンダーの対日オフショア要員の変化

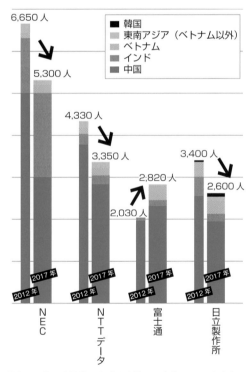

(注)　人数は自社社員と委託先社員の合算。BPO を含む。
　　　日立製作所は情報・通信システム部門のグループ連結。
(出所)　『日経コンピュータ』2018 年 2 月 15 日号，27 頁。

近年，グローバルな開発，生産，販売プロセスがデジタル化される中で，英語力とIT能力の高いフィリピンが，グローバル・ビジネスの重要拠点として注目を集めている。フィリピンのIT／BPO産業は，首都に加え，地方にも展開していることも重要である。同国のITの業界団体は合計26都市をIT／BPO産業の成長都市として位置付けている。フィリピンでは地方にも多数の大学が設立され，IT関連のエンジニアが輩出されている。フィリピンの人材は英語能力によってグローバルな業務分担の中に組み込まれやすいという強みを持ち，企業内のオフショア開発拠点やバックオフィス業務拠点となっているケースが多い。

第10章

開発途上国市場と
グローバル・ビジネス

10.1 新興国・開発途上国市場の重要性

近年，開発途上国市場の存在感は日に日に増している。本章では，新興国・開発途上国市場の重要性を確認した後，新興国・開発途上国と先進国多国籍企業との関係を歴史的に振り返る。次に，開発途上国市場で先進国市場と比べて特異な市場である低所得者層市場の特徴に触れ，その市場におけるビジネスの基本的考え方を示す。低所得者層市場は BOP（Base of the Pyramid）市場と呼ばれ，単なるビジネスではなく，低所得者の抱えるさまざまな問題を解決しながら収益を確保することが求められるユニークな市場として注目を集めている。そして理論的補足としてイノベーションの罠，コンピテンシー・トラップと双面型組織，リバース・イノベーションを紹介する。

10.1.1 経済規模の拡大

2008 年のリーマン・ショックを境に，中国やその他の新興国経済の成長により，世界経済は，米国・欧州を中心とした二極構造から，中国やその他の新興国が存在感を増す多極構造へと変貌を遂げている。今や新興国経済は全世界の GDP の 40％に迫る経済規模となった（図表 10-1-1 参照）。国際通貨基金（IMF）の試算によれば，2018 年の中国の名目 GDP は 13 兆 4,074 億米ドルに達し，米国に次ぐ世界第 2 位の経済規模にまで上り詰めた。インドも同年 2 兆 7,167 億米ドルを超え，世界 7 位となっている。プライスウォーターハウスクーパースの試算によれば，2050 年には中国が 61 兆米ドルを超えて世界第 1 位に，インドが 42 兆米ドルを超えて世界第 2 位になる見通しであり，アジアが世界経済の中心になっていくことが見込まれている。

10.1.2 経済の成長性

また，年代別による新興国・開発途上国の人口構成をみると，若年層が多いきれいなピラミッド型をしている国が多数存在している。少子高齢化社会及び人口減少が襲う先進国市場と比較して，豊富な労働力や今後の生産人口の増加を背景として，経済成長を進めていく見通しである（図表 10-1-2 参照）。

■図表 10-1-1　先進国と新興国，開発途上国の GDP シェア（1992 年–2018 年）

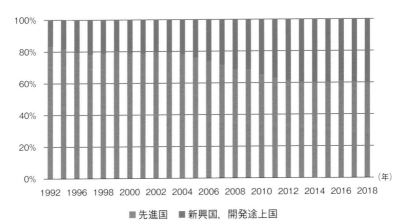

（出所）　IMF，WEO 2018 のデータを基に筆者作成。

■図表 10-1-2　新興国・開発途上国（左），先進国（右）の人口ピラミッド

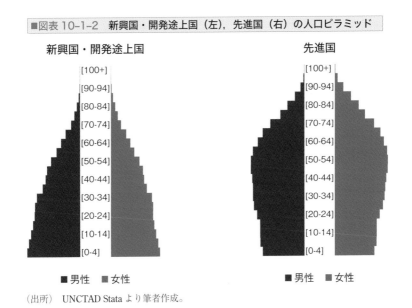

（出所）　UNCTAD Stata より筆者作成。

筆者の現地調査においても，将来の見通しについて現地の人々が前向きな言動をしていることが多く観測されており，消費や投資への意欲が強い。

10.1.3　開発途上国における所得階層

とくにアジア地域において中間層及び富裕層が厚みを増してきており，三菱総合研究所の試算では，2014年時点と比較して貧困層が2030年には約7億人減少，下位中間層が約3億人減少，中位中間層が約5億人増加，上位中間層が約4億人増加，富裕層が約10億人増加するという（図表10-1-3参照）。この試算により，アジア新興国の中にはこの階層を2段階上げてくる人々がかなりの割合で存在することが明らかであり，急激な所得の増加がうかがえる。

10.1.4　新興国発企業の台頭

これまでマクロの視点での経済規模と成長率及びミクロの視点での個人消費に注目して主に市場の魅力としての新興国・開発途上国市場の重要性についてみてきた。しかし，新興国・開発途上国市場の重要性は，拡大する経済・市場ばかりではない。ここではそうした経済成長を背景に台頭し始めた脅威についてみていきたい。

近年，新興国から巨大企業が台頭し始めている。**第2章**と**第5章**でも取り上げた Fortune Global 500 の2018年版をみると，上位15位のうち，中国3社，韓国1社がランクインしており，その存在感が大きくなってきている（図表10-1-4）。このほか中国の比亜迪（BYD）は，電気自動車などの新エネルギー車の販売を急増させており，2016年時点では電気自動車市場で世界一になった。

また，インドの商用自動車大手マヒンドラ・アンド・マヒンドラは，農業用トラクターで定評があり，インドの農民が高く評価する手ごろな価格と燃費の良さを備え，同国のトップメーカーにまで成長し，米国に進出を果たした。マヒンドラ USA は，個人的なサービスを通じてブランドを浸透させていき，小規模ディーラー，特に家族経営の事業者と緊密な関係を築くことに成功した。アメリカの競合ディアも対抗措置としてインドに進出したものの，インド向けの製品開発で後塵を拝し，その間にマヒンドラは世界一のトラク

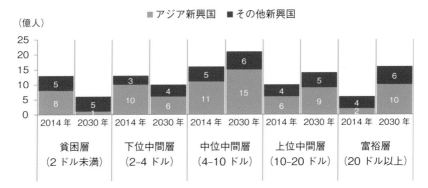

■図表 10-1-3　所得階層別人口（2014 年・2030 年比較）

■ アジア新興国　■ その他新興国

（注）　1 日 1 人当たりの消費金額で区分。
（出所）　三菱総合研究所（2016）『内外経済の中長期展望（2016–2030 年）』を基に筆者作成。
　　　　https://www.mri.co.jp/news/press/i6sdu6000000deh9-att/pr20160624pec01-new.pdf
　　　　（2019 年 9 月 20 日アクセス）。

■図表 10-1-4　フォーチュン・グローバル 500（2018 年）上位 15 位

順位	会社名	主な業種	国	売上高（百万米ドル）
1	ウォルマート	小売	米国	500,343
2	国家電網（ステートグリッド）	電力配送	中国	348,903
3	中国石油化工集団（シノペック）	石油	中国	326,953
4	中国石油天然気集団	石油	中国	326,008
5	ロイヤル・ダッチ・シェル	石油	オランダ	311,870
6	トヨタ自動車	自動車	日本	265,172
7	フォルクスワーゲン	自動車	ドイツ	260,028
8	BP	石油	英国	244,582
9	エクソンモービル	石油	米国	244,363
10	バークシャー・ハサウェイ	投資，保険	米国	242,137
11	アップル	コンピュータ	米国	229,234
12	サムスン電子	電機	韓国	211,940
13	マッケソン	ヘルスケア	米国	208,357
14	グレンコア	商品取引	スイス	205,476
15	ユナイテッドヘルス・グループ	ヘルスケア	米国	201,159

（出所）　Fortune Global 500（2018 年版）より筆者作成。

ター・メーカーとなった。

このように新興国・開発途上国市場で力をつけた地場の企業が世界市場に打って出る現象がみられるようになり，新興国・開発途上国市場が熟すまで座して待つという状況ではなくなってきている。

10.2　開発途上国と多国籍企業の関係の変遷

前節では，新興国・開発途上国市場の重要性をマクロとミクロ両方の視点から概観するとともに，新興国発の脅威が迫っていることに触れ，新興国・開発途上国市場に打って出る必要性を論じた。本節では，開発途上国と多国籍企業の関係を歴史的に振り返る。

10.2.1　経済植民地：多国籍企業「悪玉論」

戦後，植民地支配から解放され，アジア・アフリカ各国が相次いで独立をした。しかし，植民地独立によって帝国の支配から解放されたのちも一次産品の単一栽培を強化するアグリビジネスや資源開発型多国籍企業の浸透により，同様の垂直分業と収奪体制が維持されてきたとの批判が1960年代から70年代にかけて注目を集めた。主に西ヨーロッパ諸国の旧宗主国が植民地支配してきた開発途上国に存在する富を収奪しており，その中心的なプレーヤーが多国籍企業であるという多国籍企業「悪玉論」が展開された。

これにより，多国籍企業は格差を助長するものとしての認識が高まり，各国のナショナリズムの高揚も相まって多国籍企業に対する批判が集中するようになった。

10.2.2　FDI主導型の経済発展と環境問題，持続可能な開発

しかし，1980年代に入ると新興工業経済地域（NIEs）の工業化に成功し，先進国多国籍企業が持ち込んだ技術が受入先国に浸透することで経済への寄与を主張した研究に脚光が集まるようになった。これにより，多国籍企業が格差を生むものとの認識が薄まっていった。

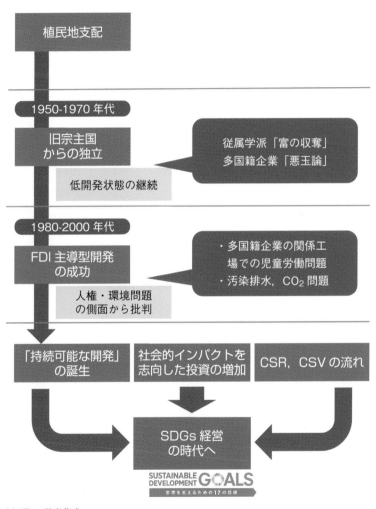

■図表 10-2-1　開発途上国と多国籍企業の関係の変遷

植民地支配

1950-1970 年代

旧宗主国
からの独立

従属学派「富の収奪」
多国籍企業「悪玉論」

低開発状態の継続

1980-2000 年代

FDI 主導型開発
の成功

・多国籍企業の関係工
　場での児童労働問題
・汚染排水，CO_2 問題

人権・環境問題
の側面から批判

「持続可能な開発」
の誕生

社会的インパクトを
志向した投資の増加

CSR，CSV の流れ

SDGs 経営
の時代へ

SUSTAINABLE
DEVELOPMENT G○ALS
世界を変えるための17の目標

（出所）　筆者作成。

20 世紀における前例のない成長は，環境問題という形で国際社会に新たな課題をもたらした。先進国の多国籍企業が生産拠点を労働賃金の安い開発途上国に移転することで，新たに公害問題を押し付けたという批判が発生するようになった。

　こうした中で「将来の世代が彼らのニーズを満たす能力を損なうことなく，現在のニーズを満たす」ため，持続可能な開発（Sustainable Development）という概念が登場し，国際社会全体はもちろん，企業組織や個人などの個別主体にまで影響を及ぼすようになっている。

10.2.3　持続可能な開発目標（SDGs）と企業経営

　持続可能な開発目標（SDGs）とは，2001 年に策定されたミレニアム開発目標（MDGs）の後継として，2015 年 9 月の国連サミットで採択された。「誰一人取り残さない」持続可能で多様性と包摂性のある社会の実現のため，2030 年を年限とした持続可能な世界を実現するための 17 の目標と 169 のターゲットを設定している。

　17 の目標は，貧困，飢餓，健康・福祉，教育，ジェンダー，水と衛生，持続可能なエネルギー，雇用と経済成長，産業インフラ・イノベーション，国内および国家間の不平等，都市と人間の居住地，消費と生産パターン，気候変動，海洋資源，陸上生態系の保護，平和で包摂的な社会，グローバル・パートナーシップの活性化など，多岐に渡って設定されている。

　SDGs は基本的には MDGs を発展させた内容となっているが，MDGs が国連や各国政府など，開発を専門とする機関の目標であったことに対し，SDGs は国連や国家といった枠組みにとどまらず，企業や NGO などの民間組織への積極的な関与の呼びかけが行われている点に大きな違いを見出すことができる（図表 10-2-2）。ポーターとクレーマー（Porter, M. E. and Kramer, M. R.）は，2006 年に「戦略的 CSR」，2011 年に「CSV（Creating Shared Value）」という概念を提唱し，企業が社会的な課題の解決に向けて取り組むことで，新しい事業機会やイノベーションあるいは競争優位獲得につながるということを指摘した（図表 10-2-3）。

　また，企業の社会問題解決に向けた取り組みに対して投資家サイドからも

■図表 10-2-2　SDGs と MDGs の違い

SDGsの目標		MDGsの目標	
1	あらゆる場所のあらゆる形態の貧困を終わらせる	1	極度の貧困と飢餓の撲滅
2	飢餓を終わらせ，食料安全保障及び栄養改善を実現し，持続可能な農業を促進する		
3	あらゆる年齢のすべての人々の健康的な生活を確保し，福祉を促進する	4	乳幼児死亡率の削減
		5	妊産婦の健康の改善
		6	HIV／エイズ，マラリア及びその他の疾病の蔓延防止
4	すべての人々への包摂的かつ公正な質の高い教育を提供し，生涯学習の機会を促進する	2	普遍的初等教育の達成
5	ジェンダー平等を達成し，すべての女性及び女児の能力強化を行う	3	ジェンダーの平等の推進と女性の地位向上
6	すべての人々の水と衛生の利用可能性と持続可能な管理を確保する	7	環境の持続可能性の確保
7	すべての人々の，安価かつ信頼できる持続可能な近代的エネルギーへのアクセスを確保する		
8	包摂的かつ持続可能な経済成長及びすべての人々の完全かつ生産的な雇用と働きがいのある人間らしい雇用を促進する		
9	強靱（レジリエント）なインフラ構築，包摂的かつ持続可能な産業化の促進及びイノベーションの推進を図る		
10	各国内及び各国間の不平等を是正する		
11	包摂的で安全かつ強靱（レジリエント）で持続可能な都市及び人間居住を実現する		
12	持続可能な生産消費形態を確保する		
13	気候変動及びその影響を軽減するための緊急対策を講じる		
14	持続可能な開発のために海洋・海洋資源を保全し，持続可能な形で利用する		
15	陸域生態系の保護，回復，持続可能な利用の推進，持続可能な森林の経営，砂漠化への対処，ならびに土地の劣化の阻止・回復及び生物多様性の損失を阻止する		
16	持続可能な開発のための平和で包摂的な社会を促進し，すべての人々に司法へのアクセスを提供し，あらゆるレベルにおいて効果的で説明責任のある包摂的な制度を構築する		
17	持続可能な開発のための実施手段を強化し，グローバル・パートナーシップを活性化する	8	開発のためのグローバル・パートナーシップの推進

（出所）　独立行政法人国際協力機構（JICA）ウェブページ，
　　　　https://www.jica.go.jp/aboutoda/sdgs/SDGs_MDGs.html（2019 年 9 月 20 日アクセス）。

期待を寄せ始めている。資本市場やそこで活動する投資家自身が，投資対象となる企業による事業活動が社会・環境に対して配慮した事業活動を行っているかどうかをより厳密に確認する傾向が強まった。このように環境（Environment），社会（Society），ガバナンス（Governance）に配慮した投資をそれぞれの頭文字を取って ESG 投資と呼ぶが，サステナブル投資を推進する米国の NPO である US SIF Foundation によればアメリカにおける 2018 年の ESG 投資の運用資産残高は 11.6 兆ドルに達し，2005 年から 65 倍以上の規模に拡大している（図表 10-2-4 参照）。

このように開発途上国市場への参入に際して，受入先国の開発や社会問題の解決は，いまや無視することのできない大きな課題となっている。次の節では，プラハラードとの研究を中心に開発途上国の貧困層（BOP）市場の特徴を捉えていく。

10.3 BOP 市場の特徴

これまで開発途上国市場の重要性，開発途上国と多国籍企業の関係の変遷を概観してきたが，本節では，開発途上国市場の中でもとくにボリュームの大きい BOP 市場について，その特徴の代表的なものをプラハラードの研究をもとに確認していく。本節のポイントは，BOP 層の現状を打破することのできるイノベーションによって，かれらの課題とビジネスが両立し得るということである。

10.3.1 貧困ペナルティ

プラハラードとハモンド（Hammond, A.）は，インド・ムンバイ郊外の貧民街ダラビと同じくムンバイのウォーデン・ロードにおいて，日用品のコストを比較する調査を行った。その調査で BOP 層が多く住むダラビの方が利子率からコメまで，あらゆるもので高コストな経済環境にあることを示した（図表 10-3-1 参照）。これをプラハラードは「貧困ペナルティ」と呼んでおり，この問題を解消することで BOP 層に金銭的余裕が生まれ，彼らを対象とし

■図表 10-2-3　CSR と CSV の違い

CSR (Corporate Social Responsibility)	CSV (Creating Shared Value)
・価値は「善行」	・価値はコストと比較した経済的便益と社会的便益
・シチズンシップ，フィランソロピー，持続可能性	・企業と地域社会が共同で価値を創出
・任意，あるいは外圧によって行われる	・競争に不可欠
・利益の最大化とは別物	・利益の最大化に不可欠
・テーマは，外部の報告書や個人の嗜好によって決まる	・テーマは企業ごとに異なり，内発的である
・企業の業績や CSR 予算の制限を受ける	・企業の予算全体を再編成する
・例：フェア・トレードで購入する	・例：調達方法を変えることで品質と収穫量を向上させる

（出所）　Porter, M. E. and M. R. Kramer（2011），"Creating Shared Value," *Harvard Business Review*, Vol.89, No.1–2, p.76.

■図表 10-2-4　アメリカにおける ESG 投資の規模の推移（2005 年–2018 年）

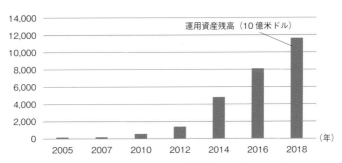

（出所）　US SIF のウェブページ，https://www.ussif.org/files/2018%20Infographic%20money%20managers（1）.pdf
（2019 年 9 月 28 日アクセス）。

■図表 10-3-1　貧困ペナルティ

項目	ダラビ	ウォーデン・ロード	貧困による割増
利子（年利）	600〜1,000%	12〜18%	53.0 倍
水道水（1 m³）	$1.12	$0.03	37.0 倍
電話（1 分間）	$0.04〜0.05	$0.025	1.8 倍
下痢止め薬	$20	$2	10.0 倍
コメ（1 kg）	$0.28	$0.24	1.2 倍

（出所）　Prahalad, C. K. and A. Hammond（2002），"Serving the World's Poor, Profitably," *Harvard Business Review*, Vol.80, No.9, p.52.

たビジネスが成り立つとしている。

10.3.2　旺盛な消費意欲

　プラハラードは，テレビや洗濯機，ラジオなどの耐久消費財を BOP 層に販売しているブラジルのカザス・バイアとメキシコのエレクトラのケースを用い，BOP 層がブランド志向であると説明している。また，BOP 層は同時に価値も重視して購買行動を取ることが観測されており，したがって，企業の課題は BOP 層にとって「手の届く憧れ」を感じさせる製品を生み出すことである（**Column** 10.1 参照）。

10.3.3　イノベーションへの順応度の高さ

　ワイヤレス機器やインターネット・キオスク，携帯用情報端末などを例示しながらプラハラードは BOP 層が貪欲に新しい技術を取り入れようとしていることを示した。現に固定回線よりも早く，携帯電話が普及しており，中国では路上生活者でさえも，スマートフォンを持ち，QR コードによるモバイル決済で施しを要求する場面が目撃されている。

　ケニアでは，サファリコム（Safaricom）が 2007 年からモバイル決済 M-PESA を展開しており，サファリコムからスピンアウトした周辺サービス事業が展開されている（**Column** 10.2 参照）。

10.4　BOP ビジネスにおける基本的な考え方

　前節では，BOP 市場の特徴として，貧困ペナルティ，旺盛な消費意欲，イノベーションへの順応度の高さをみてきた。本節では，こうした BOP 層を対象としたビジネスにおける基本的な考え方を BOP ビジネスの提唱者であるプラハラードとハート（Hart, S. L.）の研究から紹介する。

10.4.1　プラハラードの研究

　プラハラードはこうした BOP 層の人々を「グローバリゼーションの恩恵

Column 10.1 ● ゴドレジ「チョットクール」の製品デザイン変遷

インド・ゴドレジ財閥の家電大手ゴドレジ・アンド・ボイス・マニュファクチャリングは，BOP層向けの簡易冷蔵庫「チョットクール」を非常に簡素なデザインで展開していた。低価格を実現するためにマーケティング・コストを抑え，口コミを頼りに広げていこうと考えていたが，「貧困層が持つもの」というイメージが定着してしまい，失敗した。しかし，「貧しい人も裕福な人も欲しいものの根本は同じ」という認識のもと，インドの伝統アートをデザインに反映させたところ，中間層，富裕層の寝室用として支持され，「貧困層が持つもの」というイメージが払しょくされた。これにより，次第にBOP層にも受け入れられるようになっていった。

（画像出所）　筆者撮影（経済産業省「平成27年度収益志向型BOPビジネス推進事業」）。
（注）　上段左から第1世代，第2世代，第3世代。下段が第4世代。

Column 10.2 ● モバイル決済から派生したサービス「M–KOPA」

ケニアのM-KOPAソーラーは，無電化地域に対してソーラーシステム販売事業を手掛けており，2015年時点でケニア，ウガンダ，タンザニアの3か国で25万台を販売した。一括購入の他，M-PESAを使った分割払いも選択でき，手持ち資金が不足しがちなBOP層でも購入可能となっている。

それまで煙害をもたらしてきたケロシンランプの代替品として展開しており，分割払いの支払いは1日40シリング（約42円）とケロシンランプの燃料代と同額に設定している。

（画像出所）　筆者撮影（経済産業省「平成27年度収益志向型BOPビジネス推進事業」）。

にあずかることができない」と認識しており，グローバル経済への統合がBOP層の問題解決に資すると捉えている。彼はBOPビジネスの特徴を3つのAで示しており，BOP層が購入可能で（Affordability），製品・サービスへのアクセスが容易で（Access），BOP層にリーチできる販売網（Availability）の構築を行うことでBOP層の消費力を生み出すことができるとしている。

　また，プラハラードは営利企業が単体でBOP市場に参入することは困難であり，国際機関やNGO，現地政府や現地のパートナー企業と経済エコシステムを築くことでBOP層が抱える課題の解決と収益性の両立が可能であると考えている（図表10-4-1参照）。

10.4.2　ハートの研究

　ハートは経済全体を「貨幣経済」，「自然経済」，「伝統経済」の3つに分類し，これら3つの経済が相互依存関係を深めている現在，企業はそれぞれに配慮した事業展開をしなければ競争優位を失うと主張した（図表10-4-2参照）。先進国経済といわゆる新興経済の両方からなる経済を「貨幣経済」，貨幣経済と伝統経済を支える自然のシステムや資源によって構成される経済を「自然経済」，途上国の農村部でもっとも一般的にみられる，村落単位の自給自足経済を「伝統経済」とそれぞれ定義している。ハートはその中でもBOP層を「伝統経済」に位置付けている。

　いずれの研究においても，製品やプロセスだけではなく，ビジネスモデルそのもののイノベーションが重要であることが示唆されており，本国及び先進国中心のビジネスモデルでは立ち行かないとされている。

10.5　理論的補足

　これまで開発途上国市場においてはイノベーションが重要であることを確認してきた。本節では，企業が開発途上国市場で苦戦している理由を理論で補足的に検討していく。

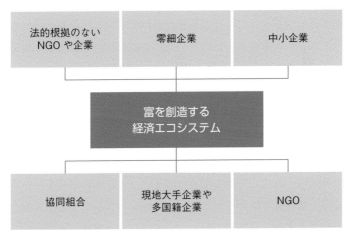

■図表 10-4-1　富を創造する経済エコシステム

| 法的根拠のない
NGO や企業 | 零細企業 | 中小企業 |

富を創造する
経済エコシステム

| 協同組合 | 現地大手企業や
多国籍企業 | NGO |

（出所）　プラハラード（スカイライトコンサルティング訳）（2010）『ネクスト・マーケット［増補改訂版］—「貧困層」を顧客に変えるビジネス戦略—』英治出版，159 頁を基に筆者作成。

■図表 10-4-2　ビジネスチャンスを生む「不調和な世界」

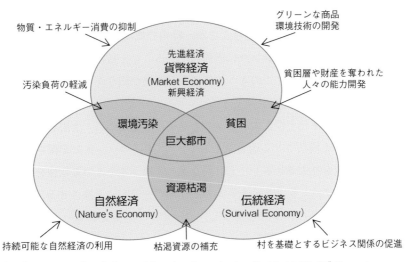

物質・エネルギー消費の抑制

グリーンな商品
環境技術の開発

先進経済
貨幣経済
（Market Economy）
新興経済

汚染負荷の軽減

貧困層や財産を奪われた
人々の能力開発

環境汚染

貧困

巨大都市

資源枯渇

自然経済
（Nature's Economy）

伝統経済
（Survival Economy）

持続可能な自然経済の利用

枯渇資源の補充

村を基礎とするビジネス関係の促進

（出所）　Hart, S. L.（1997），"Beyond Greening: Strategies for a Sustainable World," *Harvard Business Review*, Vol.75, No.1, p.75.

10.5.1 コンピテンシー・トラップ

マーチ（March, J. G.）は，企業が知の範囲を広げるために新しい知を探す行動である「知の探索」と，既存の知識を深めてビジネスに活用する「知の深化」がイノベーションに与える影響について研究し，企業にとって継続的なイノベーションを実現するにはこの2つを同時にバランスよく実現する必要があることを証明した。

また，彼は同じ論文の中で，新しい知識は収益化できるか不確実であるため，企業組織の本質として中長期的には「知の深化」に偏り，「知の探索」を怠る傾向があることを示した。この現象を「コンピテンシー・トラップ」という（図表10-5-1）。

上記の理論は，成功している企業ほどイノベーションが発生しなくなるという意味で，**第5章**で紹介したイノベーションのジレンマとよく似た理論ということができるが，コンピテンシー・トラップは組織，イノベーションのジレンマは個人にフォーカスしているといえる。

10.5.2 イノベーションの罠

カンター（Kanter, R. M.）は，過去のイノベーションブームを振り返り，企業が「既存事業による目先の成功か，将来の成功に欠かせないイノベーションか」という同じジレンマに直面していることを指摘した。戦略，プロセス，組織，そしてスキルの4つの側面から企業が陥りがちな過ちを抽出した（図表10-5-2上段参照）。

カンターは，深化と探索のバランスを適切に図るために，上記過ちからイノベーションを成功させる改善策として，「①イノベーションを探索する範囲と活動領域を拡大させる」，「②計画立案と管理システムの柔軟性を向上させる」，「③イノベーション・チームと既存部門を緊密に連携させる」，「④人間関係を重視するリーダーを選抜し，コラボレーションによってイノベーションを支援する文化を醸成する」の4つを示した（図表10-5-2下段参照）。

10.5.3 双面型組織

これまでイノベーションが停滞する原因について概観したが，停滞を避け

■図表 10-5-1　コンピテンシー・トラップ

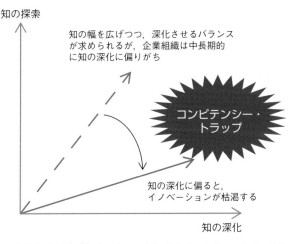

知の探索

知の幅を広げつつ，深化させるバランス
が求められるが，企業組織は中長期的
に知の深化に偏りがち

コンピテンシー・
トラップ

知の深化に偏ると，
イノベーションが枯渇する

知の深化

（出所）　March, J. G.（1991）, "Exploration and Exploitation in Organizational Learning,"
　　　　Organization Science, Vol.2, No.1, pp.71–87 を基に筆者作成。

■図表 10-5-2　イノベーションの罠（4つの過ちと処方箋）

戦略面の過ち	組織面の過ち
高すぎるハードルと狭すぎる視野	弱すぎる連携と強すぎる組織の壁
プロセス面の過ち	スキル面の過ち
厳しすぎる管理	弱すぎるリーダーシップとつたない コミュニケーション

戦略面の改善策	組織面の改善策
イノベーションを探索する範囲と 活動領域を拡大させる	イノベーション・チームと 既存部門を緊密に連携させる
プロセス面の改善策	スキル面の改善策
計画立案と管理システムの 柔軟性を向上させる	人間関係を重視するリーダーを選抜し， コラボレーションによってイノベーション を支援する文化を醸成する

（出所）　Kanter, R. M.（2006）, "Innovation: The Classic Traps," *Harvard Business Review*,
　　　　Vol.81, No.11, pp.73–83 より筆者作成。

るために企業は組織としてどのように知の探索と深化のバランスを取ればよいのか。その戦略・体制・ルール作りを進めるうえで議論されているのがオレイリーとタッシュマン（O'Reilly Ⅲ, C. A. and Tushman, M. L.）らが提唱する双面型組織である。

　かれらは構造的双面性という概念で，探索と深化を行う方法を説明している。すなわち，①単一組織内に探索と深化のそれぞれを専門的に担う分離されたユニットを設ける「構造的分離」と②分離されたユニットのルースな形での「統合」という二段階からなる構造的解決によって両者の同時追求を行うことを提唱した（図表 10-5-3）。

　上記3つの理論をグローバル・ビジネスに当てはめると，本国及び先進国市場が中核的な既存事業，開発途上国市場がイノベーション（探索的な事業）として位置付けられる。多くの企業にとって稼ぎ頭である本国を中心とした先進国市場のニーズを重視し過ぎ，開発途上国市場でのイノベーションに資源を適切に配置することができていないため，中間層や BOP 層へのアプローチができていないと推論することができる。

10.5.4　リバース・イノベーション

　では，どのようにイノベーションを現地で起こしていくのか。この問いに対して，ゴビンダラジャン（Govindarajan, V.）とトリンブル（Trimble, C.）は，ローカル・グロース・チームと呼ばれる独立した組織を作り，新興国・開発途上国市場におけるイノベーションに専念するべきと主張している。その際，本部から技術や資金などの支援は受けつつも，本部の意思決定から切り離された独立性を持たせることが重要とされている。

　同じ研究でゴビンダラジャンとトリンブルは，新興国・開発途上国市場におけるイノベーションが先進国市場に逆流した事例を複数提示し，同市場での取り組みの重要性を示した。こうした現象をリバース・イノベーション（reverse innovation）という。新興国・開発途上国市場はこうしたリバース・イノベーションの種が豊富に眠っていると考えられ，次なる成長機会として検討する余地は十分にある。

■図表 10-5-3　双面型組織の特徴

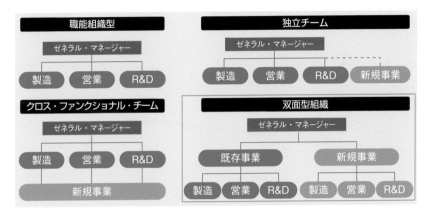

（出所）　O'Reilly, C. A. Ⅲ. and M. L. Tushman（2004），"The Ambidextrous Organization,"
　　　　Harvard Business Review, Vol.82, No.4, p.78.

■図表 10-5-4　ローカル・グロース・チームの特徴

グローカリゼーション向けの組織構造	ローカル・グロース・チーム（LGT）
新興国市場の機能部門リーダーが報告をあげるのはグローバル本部である。	機能部門のトップを小さな起業家的チームに緊密に協力させる。特に，市場に関する知見を持つ人々が，技術力を持つ人々と緊密に連携を取れるようにする。
長く勤めて深い知見を培ってきた内部人材に権限移譲する。	新興国市場の独特のニーズを満たすのに役立つ，新しいスキルや専門知識を持った外部人材に権限を与える。
役割と責任の決まり方，ヒエラルキーのつくられ方など，長い時間をかけて確立された伝統的な組織の基準を遵守する。	長い間確立されてきた組織の基準を無視する。まるで新しい企業を一から築くように，目の前の課題のために LGT を独自につくる。
結果を出すことを重視する。納期，予算，スペックを守る。	未知の事項の解決，迅速な学習，成功するビジネスモデルを重視する。
長年使われて，よく理解されている業績指標を重視する。	未知の事項の解決に役立つような測定基準を重視した，独自の評価方法を設ける。
1 年の計画サイクルに従う。	未知の事項の解決につながりそうな新しいデータが出てくるたびに，計画を見直せるようにする。
リーダーが真っ先に説明責任を問われるのは，結果を出すことに対してである。	リーダーが真っ先に説明責任を問われるのは，統制の取れた実験による学習に対してである。

（出所）　ゴビンダラジャン・トリンブル（渡部典子訳）（2012）『リバース・イノベーション』ダイ
　　　　ヤモンド社，122 頁。

第 11 章

中小企業の
グローバル・ビジネス

11.1　日米欧における中小企業の定義

　中小企業（Small and Medium-sized Enterprises：SMEs，米国では Small Business）と一言でいっても，日米欧でその捉え方は異なる。そこで，それぞれにおける中小企業の定義を以下のとおり示す。

　まず，日本では図表 11-1-1 のように大まかな業種によって中小企業者と認められる基準（資本金あるいは従業員数）が異なり，いずれかが基準以下であれば中小企業と認定される。また，小規模事業者については従業員数のみで測る独立した基準がある。なお，中小企業庁におけるより詳細な分類では中小事業者と小規模事業者の間に「中規模事業者」があるものの，それぞれを区分する境界はあいまいである。いずれの分類にしても，中小企業と認定されれば税制上の優遇措置や交際費の損金処理などが受けられる。日本において，中小企業は企業全体（大企業を含む）のうち約 99.7％を占めている。

　また，EU における中小企業の定義であるが，図表 11-1-2 のように 3 つの異なる中小企業の分類，すなわち零細企業（micro-enterprises），小企業（small enterprises），そして中規模企業（medium-sized enterprises）が定められている。また，異なる 3 つの要素（従業員数，売上高，総資産額）のいずれかがそれぞれの分類で定められた人数や金額以下であれば中小企業と認められる。EU も日本と同様に企業全体に占める中小企業の割合が 99.8％である。

　そして，米国では SBA（Small Business Administration：中小企業庁）が中小企業を「独立所有・独立運営で，自らの業種において独占的な地位を占めていない事業者」と定義しており，同庁が定める「産業別・業種別の企業規模基準（Size Standard）」以下でなければならない。SBA の企業規模基準は日本よりもかなり細かく，北米産業分類システム（North American Industrial Classification System：NAICS）における 1,047 の産業分類と 18 の産業活動のそれぞれについて定められている（図表 11-1-3 参照）。企業が規模基準を満たしているかどうかを判断する際には，当該企業のすべての子会社，親会社，関連会社も考慮される。米国の場合，中小企業が企業全体に占める割合は業種によって異なるが，どの業種も概ね 90％を超えている。

■図表 11-1-1　日本における中小企業の定義

業種	中小企業者 (下記のいずれかを満たすこと)		うち小規模企業者
	資本金	常時雇用する従業員	常時雇用する従業員
①製造業・建設業・運輸業・その他の業種（②〜④を除く）*	3 億円以下	300 人以下	20 人以下
②卸売業	1 億円以下	100 人以下	5 人以下
③サービス業*	5,000 万円以下	100 人以下	5 人以下
④小売業	5,000 万円以下	50 人以下	5 人以下

＊下記業種においては，中小企業関連立法における政令に基づき，以下の通り定めている。
【中小企業者】
①製造業
・ゴム製品製造業：資本金 3 億円以下または従業員 900 人以下
③サービス業
・ソフトウエア業・情報処理サービス業：資本金 3 億円以下または従業員 300 人以下
・旅館業：資本金 5 千万円以下または従業員 200 人以下
【小規模事業者】
③サービス業・娯楽業：常時雇用する従業員 20 人以下
（出所）　中小企業庁（2019）『2019 年版中小企業白書』，x 頁。

■図表 11-1-2　EU における中小企業の定義

業種	従業員	売上高	総資産額
零細企業 (micro-enterprises)	10 人未満	200 万ユーロ未満	200 万ユーロ未満
小企業 (small enterprises)	50 人未満	1,000 万ユーロ未満	1,000 万ユーロ未満
中規模企業 (medium-sized enterprises)	250 人未満	5,000 万ユーロ未満	4,300 万ユーロ未満

（出所）　European Union（2018），*Annual Report on European SMEs 2017/2018*, p.13.

このように，日米欧で中小企業の分類や認定基準はかなり異なっているため，われわれは中小企業という用語を使う際にいかなる国・地域の，いかなる産業・業種の，いかなる規模の企業を対象としているのかに十分留意する必要がある。

11.2 中小企業であることの意義と課題

SBA によると，米国では従業員 500 人未満の企業が全国における従業員総数のうち約 50％を雇用している。また，EU では雇用の約 3 分の 2（66.4％）が中小企業であり，その中で零細企業が 93.1％を担っている。欧米において，中小企業は雇用の要であるため企業数や従業員数が増加し続けており，人的資源の質も高くなっていると考えられる（図表 11-2-1 参照）。そのため，中小企業が生み出す付加価値額もかなり大きくなっていることが分かる。

一方，日本の場合は企業数も雇用者数も大きく減少している。大企業に対する中小企業の脆弱性だけをクローズアップすれば，日本であっても欧米であってもそれは基本的に変わらないはずであるが，なぜ日本だけが欧米と大きく異なる結果になるのであろうか。

日本において寺社などの伝統建築や邸宅の設計・施工，国宝や重要文化財の修繕・補修を行っている小西芸術工藝社のデービッド・アトキンソン社長は，日本において中小企業の生産性が低くなり，業績も低くなる要因の一つを「中小企業基本法」の制度的問題に求めている。1948 年の中小企業基本法施行時，中小企業庁は同法により中小企業に対して破格の優遇措置を提示し，「中小企業救済法」と呼ばれたほどであった。図表 11-1-1 ですでに示されているが，製造業は 300 人以下，小売業は 50 人以下の従業員数であれば優遇措置が受けられる。アトキンソンは，中小企業基本法施行以後にさまざまな優遇を求めて意図的に企業規模基準を超えない企業が劇的に増加したと述べている。

アトキンソンは，大企業のみならず中小企業においても規模の経済性（Economies of Scale）は当該企業の生産性を高めるため非常に重要であるとし，

NAICS コード	業種	企業規模基準
311513	チーズ製造業	従業員 1,250 人以下
335210	小型家電製造業	従業員 1,500 人以下
445110	スーパーマーケット，グローサリーストア	売上高 3,500 万ドル以下
448110	洋服店（男性用）	売上高 1,200 万ドル以下
448120	洋服店（女性用）	売上高 3,000 万ドル以下
448310	ジュエリー店	売上高 1,650 万ドル以下
522110	商業銀行	固定資産額 6 億ドル以下

（出所）　U.S. Small Business Administration（2019），*Table of Small Business Size Standards*，
　　　pp.7-31 を一部修正して筆者作成。

■図表 11-2-1　EU，米国および日本の中小企業における付加価値額，雇用者数，
　　　　　　　企業数の変化（2009 年から 2016 年までの累積）

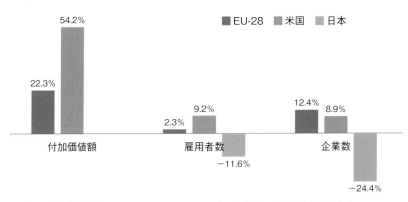

（注 1）　付加価値額（gross value added at factor cost）は，以下の項目の合計額である。
　　　・売上高（＋）
　　　・固定資本の増加額（＋）
　　　・営業利益（＋）
　　　・株価の増加（＋）あるいは減少（－）
　　　・製品やサービスの購入（－）
　　　・売上高に結びついている，控除非対象の物品に課税される税金（－）
　　　・生産に結びついている関税や税金（－）
（注 2）　付加価値額について，日本は記載がない。
（原出典）　Eurostat, National Statistical Offices, DIW Econ.
（出所）　European Union（2018），*Annual Report on European SMEs 2017/2018*，p.37 を
　　　一部修正して筆者作成。

中小企業があえて大規模化しないよう中小企業庁が促しているとして中小企業基本法自体を厳しく批判している。ただし，製造業とサービス業で企業の適正規模は異なるはずであるが，どの業種でも生産性の向上を規模の経済性に帰するアトキンソンの主張には検討の余地がある。しかしながら，中小企業庁が明らかにしたようなデータがある以上，日本の中小企業経営者は各種優遇措置を享受することだけを考えるのではなく，何らかの形で戦略的に行動してこのような状況を打開する必要があるだろう。

11.3　中小企業の対外直接投資

　日本において，1960年代から中小企業の諸活動を研究していた中村秀一郎は，単なる中小企業と規模の面でも活動内容の面でも異なる企業を「中堅企業」と呼んだが（*Column* 11.1 参照），現在でも一般的な中小企業像を越えて主体的な活動を行っている企業に注目することは非常に重要である。図表11-3-1 は，日本の中小企業が輸出をしているか否か，あるいは海外展開（つまり対外直接投資）を行っているか否かで，当該企業の従業員1人当たりの労働生産性がいかに異なるかを示している。輸出を行っていない中小企業における従業員1人当たりの労働生産性が731万円であるのに対して，輸出を行っている中小企業のそれは894万円である。また，海外展開を行っていない中小企業における従業員1人当たりの労働生産性が747万円であるのに対して，海外展開を行っている中小企業の場合は870万円である。

　しかしながら，輸出と海外展開のどちらも行っている中小企業の1人当たり労働生産性は，どちらか一方のみを行っている中小企業と比べてそれほど大きな差がない。この要因の一つとして考えられるのは「経営資源の配分問題」である。中小企業は，大企業と比較した場合に経営資源（ヒト，モノ，カネ，情報）の面でどうしても不利である。中小企業が，輸出を行うための国際事業部に従業員を配置し，さらに各国子会社に従業員をエクスパトリエイト（派遣管理者）として出向させるとなると人的資源が分散してしまい，個々の従業員にかかる負担は輸出や海外展開を行わない場合あるいはどちら

Column 11.1 ● 中村秀一郎（1964）における中堅企業の特徴

中村は，中堅企業について以下 4 つの特徴を挙げている。

① 巨大企業またはそれに準ずる大企業の別会社，系列会社ではなく，資本的にはもとより，企業の根本方針の決定権を持つという意味での独立会社であり，単に中小規模を超えた企業ではない。

② 証券市場を通じての社会的な資本調達が可能となる規模に達した企業であり，その意味での第二部市場上場の有無はそれを中小企業から区別する 1 つの基準といえる。

③ 中堅企業は社会的資本を株式形態で動員し得るとしてもなおそれには制約があり，個人，同族会社としての性格を強くあわせ持つという点で，大企業と区別される。しかし，それは規模拡大にともなって近代的経営手法を導入しているという点で，質的に中小企業と異なる。

④ 中堅企業は中小企業とは異なる市場条件を確保している。その製品は独自の技術，設計考案によるものが多く，必要な場合には量産に成功し，それぞれの部門で高い生産集中度・市場占有率を持ち，独占的性格を持つものも多く，特定の購入者や大企業の購入者に依存せず，大企業の購入独占に対抗する力を持ち，使用総資本利益率が高いものが多い。

■図表 11-3-1　海外展開・輸出の有無による従業員 1 人当たり労働生産性の比較

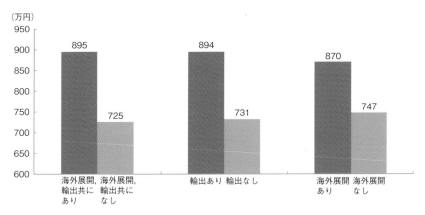

（注 1）　ここでいう労働生産性は，常勤雇用者 1 人当たりの 2015 年度における付加価値額を指す。
（注 2）　現地子会社あるいは関連会社を海外に 1 つでも有する企業を海外展開ありとする。
（注 3）　わずかでも輸出を行っている企業を輸出ありとする。
（出所）　中小企業庁（2019）『2019 年版中小企業白書』，25 頁。

か一方のみを行う場合よりも相対的に大きくなると考えられる。

　また，中小企業が輸出を中心とする場合には，それを仲介する商社や現地輸入業者との取引関係が課題になることもある。商社や現地輸入業者の裁量が過度に大きくなり，中小企業が自社製品であるにもかかわらず輸出先での戦略的意思決定で十分に主導権を発揮できないこともあり得る。そのようなことも要因となり，日本ではさまざまな業種で対外直接投資を主体的に行う中小企業が増加しつつある。大企業を含む企業全体のうち，対外直接投資件数に占める中小企業の割合は2001年に4,143件で68.2％であったが，2014年には6,346件で72.4％に上昇している（図表11-3-2参照）。

11.4　対外直接投資を行う日本の中小企業

　ここで，日本の中小企業が対外直接投資によって成功を収めている事例を2つ紹介しよう。

11.4.1　かづ美における中国でのサービス展開

　高級感や非日常感を強調した総合的な結婚式の演出・運営で有名な株式会社かづ美（石川県金沢市，以下ではかづ美と略記）は1986年に創業し，現在，国内では石川県・富山県・福井県で9店舗を展開している。資本金は3,300万円で，従業員数は正社員・契約社員が100人，パートタイマーが120人である。また，国外では中国・上海に現地子会社の「和美婚慶礼儀服務（上海）有限公司（資本金650万米ドル，従業員数約90人）」を設立している。

　2004年に小松空港－上海・浦東国際空港間の定期便が就航したことをきっかけとしてかづ美は中国に市場機会を求めるようになり，市場調査を行ってみたところ次のようないくつかの興味深い情報が得られた。まず，上海における結婚適齢期の若者は現地で一般的に行われる結婚式の内容に不満を感じていた。また，中国では一人っ子政策の影響により，いわゆる「小皇帝（男性）・小公主（女性）」に対する家族・親族からの金銭的支援が充実しており，結婚式への支出額が今後さらに大きくなる可能性があった。さらに，

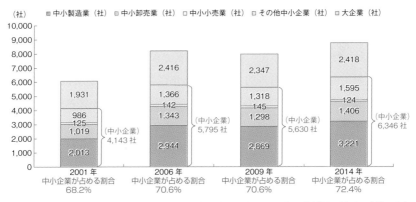

■図表11-3-2　企業規模別・業種別の対外直接投資企業数推移

(社)　■中小製造業（社）　■中小卸売業（社）　□中小小売業（社）　□その他中小企業（社）　■大企業（社）

	2001年	2006年	2009年	2014年
大企業	1,931	2,416	2,347	2,418
その他中小企業	986	1,366	1,318	1,595
中小小売業	125	142	145	124
中小卸売業	1,019	1,343	1,298	1,406
中小製造業	2,013	2,944	2,869	3,221
（中小企業）	4,143社	5,795社	5,630社	6,346社
中小企業が占める割合	68.2%	70.6%	70.6%	72.4%

（注）　1. ここでいう直接投資企業とは，海外に子会社（当該会社が50%超の議決権を所有する会社。子会社又は当該会社と子会社の合計で50%超の議決権を有する場合と，50%以下でも連結財務諸表の対象となる場合も含む。）を保有する企業（個人事業所は含まない。）をいう。
　　　2. ここでいう大企業とは，中小企業基本法に定義する中小企業者以外の企業をいう。
（出所）　中小企業庁（2019）『2019年版中小企業白書』，26頁。

Column 11.2 ● アジア諸国で採用されている企業規模基準の一覧

　アジアの各国における企業規模基準は，従業員数を基準の1つとする日本やEU（米国では業種により従業員数が適用される）と共通しているが，他に採用されている基準は国によって異なる。

■掲載国すべて各指標のいずれかが一定基準以下（未満）

	従業員数	売上高	資本金	総資産額	固定資産額
中国	○	○		○	
韓国	○		○		
台湾	○		○		
シンガポール	○	○			
タイ	○				○
マレーシア	○	○			
フィリピン	○			○	
ベトナム	○				○

（出所）　吉岡武臣（2007）「主要国の中小企業施策に関するウェブサイト」国際貿易投資研究所『国際貿易と投資』秋号，145-147頁を一部修正して筆者作成。

建物の建設費用が日本よりも安く，当時は4分の1ほどでできた。最後に，中国では結婚式において複数の企業が個別に関与するため，新郎新婦はプロデューサーとも契約し会場のホテルとも契約するなど手続きが煩雑であった。

　これらの情報を勘案した結果，かづ美は自ら建設した結婚式場（貸し切り型）で総合的にプロデュースすればより魅力的な結婚式の内容になり，また1回の契約で済むために顧客へ利便性を提供できることから市場性があると判断し，対中直接投資に踏み切った。2007年に和美婚慶礼儀服務（上海）有限公司を設立するとともに，2008年には上海で図表11-4-1にみられる結婚式場「ヴィラ・グランディス ウエディングリゾート上海」を開店した。日本でのコンセプトと同様に，「その日1日新郎新婦がスターになる」という高級志向で日本式の総合的なサービスを開始したところ中国の若者に受け入れられ，現地では割高ながら毎週末予約が絶えないという。

11.4.2　愛知ドビーにおける米国での製品展開

　2015年から高級鋳物ホーロー鍋「バーミキュラ」を生産・販売する愛知ドビー株式会社（愛知県名古屋市，以下では愛知ドビーと略記）は，1936年に創業された鋳造で有名な製造企業である（図表11-4-2参照）。資本金は1,650万円，従業員数は250人，売上高は45億円（2017年）であり，2013年には「がんばる中小企業・小規模事業者300社」に選定されている。

　ただし，愛知ドビーがバーミキュラで成功を掴むまで，同社は必ずしも順風満帆ではなかった。愛知ドビーはもともと「ドビー機」と呼ばれる織機を製造していたが，繊維産業の衰退とともに1990年代には船舶部品の下請けに転換した。しかし，2000年代には国外サプライヤーの台頭によりそれらも難しくなり，業績はますます悪化していった。同社は，卓越した製品ブランドを保有し，産業の趨勢に左右されないことの重要性を痛感する。

　そのような背景の下で開発されたバーミキュラは，野菜の水分だけで「無水調理」ができることが大きな特徴である。ところが，鋳物でそれを実現するためには開発から3年かかったという。少しでも鍋とふたにすきまがあると調理中に蒸気が漏れて水分が十分に保持できないため，精密な鋳造が要求された。また，無水調理のためにもう一つ重要なのは鋳物鍋の密封性をさら

（出所）　社団法人中小企業診断協会石川県支部（2012）『中小企業の海外進出に関する調
　　　　査研究報告書』，57 頁および日本貿易振興機構上海事務所（2011）『中国内販に成功
　　　　している中小企業事例調査報告書Ⅱ』，142 頁。

■図表 11-4-2　愛知ドビーの「バーミキュラ」

（出所）　愛知ドビーのウェブページ，https://shop.vermicular.jp（2019 年 9 月 30 日アクセス）。

に高めるためのホーロー加工（ガラスを吹き付ける塗装）である。鋳物にホーローを吹き付けるにはきわめて高度な技術が要求されるためこれまでは不可能と考えられていたが，愛知ドビーは数えきれないほどの試作の中でその技術を確立させていったのである。

2017年には日本市場のみならず米国市場をターゲットとし，ロサンゼルスに販売子会社を設立した。中小企業であっても，優れた技術，それを生かすアイデア，そして市場に対する深い洞察が融合すれば活路が開けるし，国境を越えて次の段階に進めることを愛知ドビーは示している。

11.5 中小企業の M&A

近年の中小企業における世界的な潮流として挙げられるのは，対外直接投資とともに M&A（Merger and Acquisition：合併・買収）が活発であるということである。たとえば，EU では図表 11-5-1 のように域内の構成国間で中小企業同士の M&A が恒常的に行われている。また，EU 域外の中小企業と域内の中小企業とが M&A を行うことも増えているが，それは域外の中小企業が域内の中小企業を M&A 対象とする場合がほとんどであり，逆の場合はまれである。その要因として考えられるのは，EU 域外（たとえば米国）の中小企業が域内の中小企業を現地子会社にすると，それを通じて関税同盟や通貨統合の恩恵を受けられるからである。

第2章でも説明したとおり，かつて米国企業では EEC（欧州経済共同体）の施行にともない，本国からの輸出に関税がかかることを回避するため，EEC 域内での現地生産を行うことが一般的となったが，これと同様の構図が近年における中小企業間の M&A においても展開されていると捉えることができる。対外直接投資は多国籍企業（大企業）のみが行うものという認識から一歩進み，中小企業も地域経済統合のメリットを大いに活用しているといえよう。

また，図表 11-5-2 のように日本でも 2010 年を境に中小企業間の M&A が注目されるようになっているが，中小企業は当然ながら M&A のノウハウ

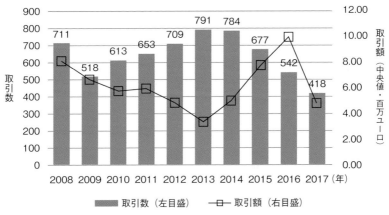

■図表 11-5-1　EU 域内における中小企業のクロスボーダー M&A

（原出典）　BvD Zephyr.
（出所）　European Union（2018），*Annual Report on European SMEs 2017/2018*，p.115.

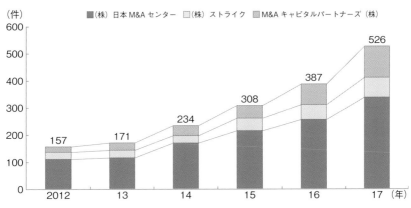

■図表 11-5-2　日本において中小企業の M&A 仲介を手掛ける３社の成約件数

（出所）　中小企業庁（2019）『2019 年版中小企業白書』，306 頁。

が乏しいことからそれを仲介する企業の存在感が高まりつつある。日本では「日本 M&A センター」,「ストライク」および「M&A キャピタルパートナーズ」の 3 社がよく知られているが,その成約件数は 2012 年の 157 件に対して 2017 年には 526 件と約 3.4 倍に増加している。日本の中小企業にとっても M&A は遠い世界の話ではなく,現実的な選択肢の一つとなりつつある。

　日本で中小企業間の M&A が増加している要因としては次の 2 つが挙げられる。一つは戦略的投資であり,それは他社の技術や流通チャネルなどを取得することにより,それらを自社のみで内部開発するよりも時間・コストともに節約するということである。もう一つは事業承継問題の解決である。優れた技術を有している企業であっても後継者が定まらずに廃業することは珍しくない。ただ,当該技術を欲している企業がいるとすれば買収されることによってそれを有効に活用してもらい,従業員の雇用も守ってもらう方が合理的かもしれない。

謝辞

　本章の執筆においては,株式会社かづ美代表取締役社長の谷口和弥氏と同社ヴィラ・グランディスウエディングリゾート支配人の大久保晶宇氏に掲載許諾で大変お世話になった。この場を借りて深く御礼申し上げる。ただし,文責は筆者のみにある。

参 考 文 献

第 1 章　対外直接投資とグローバル・ビジネス

Akamatsu, K. (1961), "A Theory of Unbalanced Growth in the World Economy." *Weltwirtschaftliches Archiv*, Band 86, Heft 2, pp.196–217.

Buckley, P. J. and M. Casson (1988), "A Theory of Cooperation International Business," in F. J. Contractor and P. Lorange (eds.), *Cooperative Strategies in International Business*, Lexington Books.

Coase, R. H. (1937), "The Nature of the Firm," *Economica*, Vol.4 (November), pp.386–405.

Dunning, J. H. (1979), "Explaining Changing Patterns of International Production," *Oxford Bulletin of Economics and Statistics*, 41, pp.269–295.

Hymer, S. (1960), *The International Operations of National Firms: A Study of Direct Foreign Investment*, Ph.D Dissertation, The MIT Press. (S. ハイマー著，宮崎義一編訳『多国籍企業論』岩波書店，1979 年)

Knickerbocker, F. T. (1973), *Oligopolistic Reaction and Multinational Enterprise*, Harvard University Press. (F. T. ニッカバッカー著，藤田忠訳『多国籍企業の経済理論』東洋経済新報社，1978 年)

Marshall, A. (1885), *Theories and Facts about Wages*, The Annual of the Wholesale Co-operation Society.

Mcdougall, G. D. A. (1960), "The Benefits and Costs of Private Investment from Abroad: A Theoretical Approach," *Economic Record*, Vol.36 (March), pp.13–35.

Rugman, A. (1981), *Inside the Multinationals*, Croom Helm. (A. ラグマン著，江夏健一・中島潤・有沢孝義・藤沢武史訳『多国籍企業と内部化理論』ミネルヴァ書房，1983 年)

Vernon, R. (1966), "International Investment and International Trade in The The Product Cycle," *Quarterly Journal of Economics*, Vol.80, No.2 (May), pp.190–207.

Williamson, O. E. (1975), *Markets and Hierarchies: Analysis and Anti-Trust Implications*, Free Press. (O. E. ウィリアムソン著，浅沼万里・岩崎晃訳『市場と企業組織』日本評論社，1980 年)

大石芳裕（2008）「グローバル・マーケティングの展望」日本商業学会『流通研究』第 11 巻第 2 号，39–54 頁。

小島清（2003）『雁行形態型経済発展論 第 1 巻』文眞堂。

第 2 章　グローバル・ビジネスの系譜と現在

大前研一（1989）『トライアド・パワー——21 世紀の国際企業戦略——』講談社文庫。

経済産業省（2020）『第 49 回海外事業活動基本調査』。

財務省（2015）『対外・対内直接投資の推移』。

J. J. セルバン=シュレベール著，林信太郎・吉崎英男訳（1968）『アメリカの挑戦』タイム
ライフインターナショナル。

J. J. セルバン=シュレベール著，磯村尚徳訳（1980）『世界の挑戦』小学館。

経済産業省ウェブページ，
https://www.meti.go.jp/statistics/tyo/kaigaizi/result/result_8/h2c405bj.html
（2019 年 10 月 1 日アクセス）

日本貿易振興機構のウェブページ，
https://www.jetro.go.jp/ext_images/world/statistics/data/wir19_stock.pdf
（2019 年 9 月 20 日アクセス）

Fortune 社のウェブページ，https://fortune.com/global500/2019/search/
（2019 年 9 月 28 日アクセス）

第 3 章　世界経済とグローバル・ビジネス

Allison, G. T. (2017), *Destined for War: Can America and China Escape Thucydides's Trap?*,
Houghton Mifflin Harcourt.（G. T. アリソン著，藤原朝子訳『米中戦争前夜―新旧大
国を衝突させる歴史の法則と回避のシナリオ―』ダイヤモンド社，2017 年）

Baldwin, R. (2016), *The Great Convergence: Information Technology and the New Globalization*,
Belknap Press.（ボールドウィン（遠藤真美訳）『世界経済 大いなる収斂―IT がもた
らす新次元のグローバリゼーション―』日本経済新聞出版社，2018 年）

Eurostat (2017), *Asylum quarterly report*.

Krugman, P. R., M. Obstfeld and M. J. Melitz (2014), *International Economics: Theory and
Policy*, 10th edition, Pearson Education Ltd.（P. R. クルーグマンら著，山形浩生・守岡
桜訳『クルーグマン国際経済学―理論と政策（上・下）―』丸善出版，2017 年）

Piketty, T. (2014), *Capital in the twenty-first century*. Harvard University Press.（T. ピケ
ティ著，山形浩生ら訳『21 世紀の資本』みすず書房，2014 年）

Stiglitz, J. E., N. Abernathy, A. Hersh, S. Holmberg and M. Konczal (2015), *Rewriting the
Rules of the American Economy: An Agenda for Growth and Shared Prosperity*, W. W.
Norton & Company, Inc.（J. E. スティグリッツら著，桐谷知未訳『これから始まる
「新しい世界経済」の教科書』徳間書店，2016 年）

The Intergovernmental Panel on Climate Change (2014), *Climate Change 2014: Synthesis
Report*.

United Nations Department of Economic and Social Affairs (2019), *World Population Prospects
2019*.

伊藤元重（2016）『どうなる世界経済―入門 国際経済学―』光文社新書。

馬田啓一・浦田秀次郎・木村福成・渡邊頼純（2019）『揺らぐ世界経済秩序と日本 ―反グ
ローバリズムと保護主義の深層―』文眞堂。

大前研一（2020）『2020 年の世界 ―「分断」から「連帯」へ―』good.book。

経済産業省（2019）『通商白書 2019』。

国際連合統計局（2020）『国際連合世界統計年鑑 2019』原書房。

田辺智子（2005）「東アジア経済統合をめぐる論点」国会図書館『調査と情報─Issue Brief─』No.489，1–10 頁。

野口悠紀雄（2018）『世界経済入門』講談社現代新書。

宮崎勇・田谷禎三（2020）『世界経済図説［第 4 版］』岩波新書。

若杉隆平（2020）『基礎から学ぶ国際経済と地域経済』文眞堂。

外務省のウェブページ，
https://www.mofa.go.jp/mofaj/press/pr/wakaru/topics/vol5/index.html
（2019 年 8 月 16 日アクセス）

国際通貨基金（IMF）のウェブページ，
World Economic Outlook, October-2018, http://statisticstimes. com/economy/countries-by-gdp-capita.php（2019 年 8 月 18 日アクセス）

国際連合広報センターのウェブページ，https://www.unic.or.jp/files/organize.pdf
（2019 年 11 月 17 日アクセス）

世界銀行のウェブページ，
https://www.worldbank.org/ja/news/feature/2014/01/08/open-data-poverty
（2018 年 10 月 5 日アクセス）
http://iresearch.worldbank.org/PovcalNet/povDuplicateWB.aspx
（2020 年 1 月 12 日アクセス）
https://databank.worldbank.org/source/world-development-indicators
（2019 年 2 月 20 日アクセス）

ハンガー・フリー・ワールドのウェブページ，
https://www.hungerfree.net/hunger/food_world/（2020 年 1 月 16 日アクセス）

第 4 章　文化とグローバル・ビジネス

Eberhard, D. M., F. S. Gary and D. F. Charles (eds.) (2019), *Ethnologue: Languages of the World*, 22nd edition, SIL International, Online version:
http://www.ethnologue.com（2019 年 8 月 13 日アクセス）

Ghemawat, P. (2007), *Redefining Global Strategy: Crossing Borders in a World Where Differences Still Matter*, Harvard Business School Publishing Co.

Hall, E.T. (1976), *Beyond Culture*, Anchor Books.

Hofstede, G. (1980) *Culture's Consequences*, Sage Publications.

Hofstede, G. (1991) *Cultures and Organizations: Software of Mind*, McGraw-Hill International.

Hofstede, G., G. J. Hofstede, and M. Minkov (2010), *Cultures and Organizations: Software of the Mind*, 3rd edition, McGraw-Hill.（G. ホフステードら著，岩井八郎・岩井紀子訳『多文化世界［原書第 3 版］─違いを学び未来への道を探る─』有斐閣，2013 年）

House, R. J., P. J. Hanges, M. Javidan, P. W. Dorfman and V. Gupta (2004), *Culture, Leadership, and Organizations: The GLOBE Study of 62 Societies*, Sage Publications.

Inglehart, R. and W. E. Baker (2000), "Modernization, Cultural Change, and the Persistence of Traditional Values," *American Sociological Review*, Vol.65, No.1, pp.19–51.

Klein, J.G., R. Ettenson and M. D. Morris (1998), "The Animosity Model of Foreign Product

Purchase: An Empirical Test in the People's Republic of China," *Journal of Marketing*, Vol.62, No.1, pp.89–100.

Lee, R. and K. T. Lee (2013), "The Longitudinal Effect of a Two-Dimensional Consumer Animosity," *Journal of Consumer Marketing*, Vol.30, Issue3, pp.273–282.

Minkov, M. and G. Hofstede (2011), "The Evolution of Hofstede's Doctrine," *Cross Cultural Management: An International Journal*, Vol.18, No.1, pp.10–20.

Rosch, M. and K. G. Segler (1987), "Communication with Japanese," *Management International Review*, Vol.27, No.4, pp.56–67.

Schwartz, S. H. (2006), "A Theory of Cultural Value Orientation: Explication and Applications," Comparative Sociology, Vol.5, Issue 2–3, pp.137–182.

Shimp, T. A. and S. Sharma (1987), "Consumer Ethnocentrism: Construction and Validation of the CETSCALE," *Journal of Marketing Research*, Vol.24, No.3, pp.280–289.

Smith, P. B. and M. H. Bond (1998), *Social Psychology across Cultures*, 2nd edition, Prentice Hall.（P. B. スミス・M. H. ボンド著，笹尾敏明・磯崎三喜年訳『グローバル化時代の社会心理学』北大路書房，2003 年）

Trompenaars, F. and C. Hampden-Turner (1997), *Riding the Waves of Culture*, 2nd edition, Nicholas Brealey Publishing Ltd.（F. トロンペナールス・C. ハムデン=ターナー著，須貝栄訳『異文化の波 —グローバル社会：多様性の理解—』白桃書房，2001 年）

World Values Survey，http://www.worldvaluessurvey.org/（2019 年 8 月 6 日アクセス）

大石芳裕（1993）「グローバル・マーケティングの分析枠組み」『佐賀大学経済学論集』第 26 巻第 2 号，1–27 頁。

林吉郎（1994）『異文化インターフェイス経営』日本経済新聞社。

第 5 章　グローバル・ビジネスにおける組織と戦略

Ansoff, H. I. (1979), *Strategic Management*, MacMillan Publisher LTD.（H. I. アンゾフ著，中村元一訳『戦略経営論』産業能率大学出版部，1980 年）

Bartlett, C. A. and S. Ghoshal (1989), *Managing Across Borders: The Transnational Solution*, Harvard Business School Press.（C. A. バートレット・S. ゴシャール著，吉原英樹訳『地球市場時代の企業戦略 —トランスナショナル・マネジメントの構築』日本経済新聞社，1990 年）

Britt, S. H. (1974), "Standardizing Marketing for the International Market," *Columbia Journal of World Business*, Winter, pp.39–45.

Buzzell, R. D. (1968), "Can You Standardize Multinational Marketing?," *Harvard Business Review*, November-December, pp.102–113.

Chandler, Jr., A. D. (1962), *Strategy and Structure: Chapters in the History of the Industrial Enterprise*, MIT Press.（A. D. チャンドラー著，三菱経済研究所訳『経営戦略と組織 —米国企業の事業部制成立史—』実業之日本社，1967 年）

Christensen C. M. (1997), *The Innovator's Dilemma: When New Technologies Cause Great Firms to Fail*, Harvard Business School Press.（C. M. クリステンセン著，玉田俊平太監修，伊豆原弓訳『イノベーションのジレンマ —技術革新が巨大企業を滅ぼすとき—』翔泳社，2001 年）

Dichter, E. (1962), "The World Customer," *Harvard Business Review*, 40 (4), pp.113–122.

Douglas, S. P. and Y. Wind (1987), "The Myth of Globalization," *Columbia Journal of World Business*, 22 (4), pp.19–29.

Doz, Y., J. Santos and P. Williamson (2001), *From Global to Metanational*, Harvard Business School Press.

Elinder, E. (1961), "How international can advertising be?," *The International Advertiser*, December, pp.12–16.

Fisher, A. B. (1984), "The Ad Biz Gloms onto Global," *Fortune*, November 12, pp.77–80.

Ghemawat, P. (2007), *Redefining Global Strategy: Crossing Borders in a World where Differences Still Matter*, Harvard Business Press.

Hedlund, G. (1986), "The Hypermodern MNC: A Heterarchy?," *Human Resource Management*, Vol.25, pp.9–35.

Hill, C. W. L. (2011), *International Business: Competing in the Global Marketplace*, 8th edition, McGraw-Hill.

Hamel, G. and C. K. Prahalad (1985), "Do You Really Have a Global Strategy?," *Harvard Business Review*, July-August, pp.139–148.

Hisatomi, T. (1991), "Global Marketing by the Nissan Motor Company Limited － A Simultaneous Market Study of User's Opinions and Attitudes in Europe, USA, and Japan," *Marketing and Research Today*, February, pp.56–61.

Hymer, S. (1960), *The International Operations of National Firms: A Study of Direct Foreign Investment*, Ph.D. Dissertation, The MIT Press. (S. ハイマー著，宮崎義一編訳『多国籍企業論』岩波書店，1979 年)

Keegan, W. J. (1969), "Multinational Product Planning: Strategic Alternatives," *Journal of Marketing*, 33(1), pp.58–62.

Kotler, P. (1986), "Global Standardization －Courting Danger," *The Journal of Consumer Marketing*, Vol.3, No.2, pp.13–15.

Kustin, R. A. (1994), "Marketing Globalization: A Didactic Examination for Corporate Strategy," *The International Executive*, Vol.36, No.1. (January-February), pp.79–93.

Levitt, T. (1983), "The Globalization of Markets," *Harvard Business Review*, 61(3), pp.92–102.

Perlmutter, H. V. (1969), "The Tortuous Evolution of the Multinational Corporation," *Columbia Journal of World Business*, Vol.4 (Jan.-Feb.), pp.9–18.

Rugman, A. (2001), *The End of Globalization: Why Global Strategy is a Myth and How to Profit from the Realities of Regional Markets*, Amacom.

Sandler, D. M. and D. Shani (1992), "Brand Globally but Advertise Locally?: An Empirical Investigation," *International Marketing Review*, Vol.9, No.4, pp.18–31.

Stopford, J. M. and L. T. Wells (1972), *Managing the Multinational Enterprise: Organization of the Firms and Ownership of the Subsidiaries*, Basic Books. (J. M. ストップフォード・L. T. ウェルズ著，山崎清訳『多国籍企業の組織と所有政策 ―グローバル構造を超えて―』ダイヤモンド社，1976 年)

Takeuchi H. and M. Porter (1986), "Three Roles of International Marketing in Global Strategy," in Porter, M. E. (ed.), *Competition in Global Industries*, Harvard Business School Press, pp.111–146.

Wind, Y. and S. P. Douglas (1971), "On the Meaning of Comparison: A Methodology for Cross-Cultural Studies," *Quarterly Journal of Management Development*, July, pp.106–121.

浅川和宏（2006）「メタナショナル経営論からみた日本企業の課題 グローバル R&D マネジメントを中心に」独立行政法人経済産業研究所『RIETI ディスカッション・ペーパー』06-J-030，1–31 頁。

大石芳裕（2008）「グローバル・マーケティングの展望」日本商業学会『流通研究』第 11 巻第 2 号，39–54 頁。

新宅純二郎（2009）「新興国市場開拓に向けた日本企業の課題と戦略」『JBIC 国際調査室報』第 2 号，53–66 頁。

パナソニックインド子会社のウェブページ，https://www.panasonic.com/in （2011 年 12 月 26 日アクセス）

第 6 章　グローバル・ブランド・マネジメントにおける親会社―現地子会社関係

Aaker, D. A. (1991), *Managing Brand Equity*, The Free Press.（D. A. アーカー著，陶山計介・中田善啓・尾崎久仁博・小林哲訳『ブランド・エクイティ戦略―競争優位をつくりだす名前，シンボル，スローガン―』ダイヤモンド社，1994 年）

Aaker, D. A. and E. Joahimsthaler (2000), *Brand Leadership*, The Free Press.

Aaker, D. A. (2014), *Aaker on Branding*, Morgan James Publishing.（D. A. アーカー著，阿久津聡訳『ブランド論―無形の差別化をつくる 20 の基本原則―』ダイヤモンド社，2014 年）

Interbrand (2019), *Best Global Brands 2018*.

Jones, G. (2010), *Beauty Imagined: A History of the Global Beauty Industry*, Oxford University Press.（G. ジョーンズ著，江夏健一・山中祥弘監訳『ビューティビジネス―「美」のイメージが市場を作る―』中央経済社，2011 年）

Townsend, J. D., S. Yeniyurt and M. B. Talay (2009), "Getting to global: An evolutionary perspective of brand expansion in international markets," *Journal of International Business Studies*, 40(4), pp.539–558.

Volvo Car Group (2019), *Annual report 2018*.

青木幸弘（2011）「ブランド論の変遷」青木幸弘編『価値共創時代のブランド戦略―脱コモディティ化への挑戦―』ミネルヴァ書房，序章，1–14 頁。

木村隆之・小沢コージ（2019）『最高の顧客が集まるブランド戦略：ボルボはいかにして「無骨な外車」からプレミアムカーへと進化したのか』幻冬舎。

原田将（2010）『ブランド管理論』白桃書房。

原田将（2015）「ブランドとは何か」大石芳裕編『マーケティング零』白桃書房。

Volvo Car Japan のウェブページ，https://www.volvocars.com/jp/about/our-company/heritage/heritage-models （2019 年 9 月 23 日アクセス）

第 7 章　グローバル・プロモーションにおける親会社―現地子会社関係

ポンサピタックサンティ・ピヤ（2016）「アジアの飲料・食品のテレビ広告におけるジェ

ンダー役割・家族像—日本・中国・台湾・韓国・タイ・シンガポールの国際比較研究—』『長崎県立大学国際社会学部研究紀要』第 1 号，47–54 頁。

OICA のウェブページ，http://www.oica.net/search/MOTOR+SHOW
（2019 年 11 月 11 日アクセス）

ゼニス（Zenith）のウェブページ，
Advertising Expenditure Forecasts March-2019-exective-summary,
http://www. publicismedia. at/wp-content/uploads/2019/03/20190325-Advertising-Expenditure-Forecasts-Executive-Summary-ENG.pdf（2019 年 11 月 11 日アクセス）

株式会社 SUBARU「セグメント・地域別データ・地域別販売状況」，
https://www.subaru.co.jp/ir/finance/segment.html（2019 年 11 月 11 日アクセス）

電通「英国イージス社の買収完了と電通グループの新しい事業統括体制について」（2013 年 3 月 26 日付ニュースリリース），
http://www.dentsu.co.jp/news/release/pdf-cms/2013036-0326.pdf
（2019 年 11 月 11 日アクセス）

電通ダイバーシティ・ラボ「インクルーシブ・マーケティング」，
https://dentsu-diversity.jp（2019 年 10 月 6 日アクセス）

電通ダイバーシティ・ラボ「LGBT 調査 2018」，https://dentsu-diversity.jp
（2019 年 10 月 6 日アクセス）

『日経クロストレンド』2019 年 6 月 13 日付，
https://trend. nikkeibp. co. jp/atcl/contents/18/00153/00003/? n_cid=nbpnxr_fbad_la07cp&fbclid=IwAR0d0nQwQy_9B_tAuwFlfro9Z1qr16ik6QJIglgDJze2LZIRfB2NMH9KbnA
（2019 年 11 月 11 日アクセス）

三菱総合研究所「メルカリとシェアリングエコノミーに関する共同研究を実施」（2019 年 2 月 26 日付けニュースリリース），
https://www.mri.co.jp/news/press/i6sdu60000006rd5-att/nr20190226.pdf
（2020 年 3 月 19 日アクセス）

第 8 章　グローバルな企業間関係の構築

Williamson, O. E. (1975), *Markets and Hierarchies*, Free Press.（O. E. ウィリアムソン著，浅沼萬里・岩崎晃訳『市場と企業組織』日本評論社，1980 年）

石川和幸（2017）『SCM の基本』日本実業出版社。

圓川隆夫編著（2015）『戦略的 SCM』日科技連出版社。

柿崎洋一（2001）「企業間関係の経営活動に関する一考察」東洋大学『経営論集』第 54 巻，147–161 頁。

経済産業省（2018）『「我が国企業による海外 M&A 研究会」報告書』。

経済産業省（2019）『海外 M&A と日本企業〜M&A の最前線に立つ国内外の企業の声からひもとく課題克服の可能性〜』。

竹田志郎（1998）『多国籍企業と戦略提携』文眞堂。

竹田志郎（2001）『国際標準と戦略提携—新しい経営パラダイムを求めて—』中央経済社。

谷本寛治（1994）「企業システムの理論」現代企業研究会編『日本の企業間関係』中央経済社，第 2 章，41–64 頁。

日本政策投資銀行（2019）『2018・2019・2020 年度 設備投資計画調査』。

日本貿易振興機構（2018）『2018 年度 アジア・オセアニア進出日系企業実態調査』。

特許庁（2011）『技術移転とライセンシング』社団法人発明協会アジア太平洋工業所有権
　　センター。

安田洋史（2016）『新版 アライアンス戦略論』NTT 出版。

吉原英樹（2015）『国際経営［第 4 版］』有斐閣。

『日本経済新聞』2015 年 11 月 18 日付朝刊。

株式会社ファーストリテイリングのウェブページ，
　　https://www.fastretailing.com/jp/ir/library/pdf/presen151117_partnership_jp.pdf
　　（2019 年 11 月 17 日アクセス）

東レ株式会社のウェブページ，
　　https://www.toray.co.jp/partnership/uniqlo/（2019 年 11 月 17 日アクセス）

日本自動車工業会のウェブページ，
　　http://www.jama.or.jp/（2019 年 11 月 17 日アクセス）

第 9 章 情報化とグローバル・ビジネス

Moazed, A. and L. N. Johnson (2016), *Modern Monopolies What It Takes to Dominate the 21st-Century Economy*, St. Martin's Publishing Group.（A. モザド・L. N. ジョンソン著，藤原朝子訳『プラットフォーム革命』英治出版，2018 年）

NTT データ経営研究所（2019）『日本企業のデジタル化への取り組みに関するアンケート調査〜日本企業の DX への取り組み実態，成功企業の特徴について〜』。

経済産業省（2019）『平成 30 年度 我が国におけるデータ駆動型社会に係る基盤整備（電子商取引に関する市場調査）』。

総務省（2018）『プラットフォームサービスに関する研究会（第 1 回）配布資料』。

日本貿易振興機構（2018）『日本企業の越境 EC（電子商取引）の現状と課題』。

『日経コンピュータ』2018 年 2 月 15 日号「崩壊するオフショア開発〔1〕賃金上昇，不人気…　あと 5 年で限界に」，26-29 頁。

International Post Corporation (2019) *Closs-Border E-commerce Shopper Survey 2018.*

第 10 章 開発途上国市場とグローバル・ビジネス

Christensen, C. M. (1997), *The innovator's dilemma: when new technology cause great firm to fail*, Harvard Business School Press.（C. M. クリステンセン著，伊豆原弓訳『イノベーションのジレンマ―技術革新が巨大企業を滅ぼすとき―』翔泳社，2000 年）

Govindarajan, V. and C. Trimble (2012), *Reverse Innovation: Create Far From Home, Win Everywhere*, Harvard Business School Press.（V. ゴビンダラジャン・C. トリンブル著，渡部典子訳『リバース・イノベーション：新興国の名もない企業が世界市場を支配するとき』ダイヤモンド社，2012 年）

Hart, S. L. (1997), "Beyond Greening: Strategies for a Sustainable World," *Harvard Business Review*, Vol.75, No.1, pp.66-76.

Kanter, R. M. (2006), "Innovation: The Classic Traps," *Harvard Business Review*, Vol.81,

No.11, pp.73–83.

March, J. G. (1991), "Exploration and Exploitation in Organizational Learning," *Organization Science*, Vol.2, No.1, pp.71–87.

O'Reilly, C. A. Ⅲ. and M. L. Tushman (2004), "The Ambidextrous Organization," *Havard Business Review*, Vol.82, No.4, pp.74–81.

Porter, M. E. and M. R. Kramer (2011), "Creating Shared Value," *Harvard Business Review*, Vol.89, No.1–2, pp.62–77.

Prahalad, C. K. (2010), *The Fortune at the Bottom of the Pyramid*, Revised and Updated 5th Anniversary Edition: Eradicating Poverty Through Profits, Wharton School Publishing. (C. K. プラハラード著，スカイライトコンサルティング訳『ネクスト・マーケット ［増補改訂版］―「貧困層」を顧客に変えるビジネス戦略―』英治出版，2010 年)

Prahalad, C. K. and A. Hammond (2002), "Serving the World's Poor, Profitably," *Harvard Business Review*, Vol.80, No.9, pp.48–57.

『内外経済の中長期展望（2016–2030 年)』，
　　https://www.mri.co.jp/news/press/i6sdu6000000deh9-att/pr20160624pec01-new.pdf
　　（2019 年 9 月 20 日アクセス)

独立行政法人国際協力機構（JICA）ウェブページ，
　　https://www.jica.go.jp/aboutoda/sdgs/SDGs_MDGs.html（2019 年 9 月 20 日アクセス)。

US SIF ウェブページ，
　　https://www.ussif.org/files/2018%20Infographic%20money%20managers(1).pdf
　　（2019 年 9 月 28 日アクセス)

第 11 章　中小企業のグローバル・ビジネス

European Union (2018), *Annual Report on European SMEs 2017/2018*.

U.S. Small Business Administration (2019), *Table of Small Business Size Standards*.

社団法人中小企業診断協会石川県支部（2012）『中小企業の海外進出に関する調査研究報告書』。

中小企業庁（2019）『2019 年版中小企業白書』。

中村秀一郎（1964）『中堅企業論』東洋経済新報社。

日本貿易振興機構上海事務所（2011）『中国内販に成功している中小企業事例調査報告書Ⅱ』。

吉岡武臣（2007）「主要国の中小企業施策に関するウェブサイト」国際貿易投資研究所『国際貿易と投資』秋号，143–150 頁。

愛知ドビーのウェブページ，https://shop.vermicular.jp（2019 年 9 月 30 日アクセス)

索　引

編者・執筆者紹介【担当章】

井上　真里（いのうえ　まさと）【編者：第1・2・5・11章】

1999 年　明治大学経営学部卒業
2006 年　明治大学大学院経営学研究科博士後期課程修了
現　　在　中央大学商学部准教授　博士（経営学）

大石　芳裕（おおいし　よしひろ）【第3章】

1984 年　九州大学大学院経済学研究科博士課程中退
現　　在　明治大学経営学部教授　修士（経済学）

原田　将（はらだ　すすむ）【第6章】

1998 年　佐賀人学経済学部卒業
2008 年　明治大学大学院経営学研究科博士後期課程修了
現　　在　明治大学経営学部教授　博士（経営学）

井上　善美（いのうえ　よしみ）【第8・9章】

1995 年　龍仁大学校経営大学（韓国）卒業
2008 年　明治大学大学院経営学研究科博士後期課程修了
現　　在　淑徳大学経営学部教授　博士（経営学）

古川　裕康（ふるかわ　ひろやす）【第4章】

2010年　明治大学経営学部卒業
2015 年　明治大学大学院経営学研究科博士後期課程修了
現　　在　日本大学経済学部准教授　博士（経営学）

唐沢　龍也（からさわ　たつや）【第7章】

1987 年　早稲田大学第一文学部卒業
2017 年　明治大学大学院経営学研究科博士後期課程修了
現　　在　関東学院大学経営学部准教授　博士（経営学）

原木　英一（はらき　えいいち）【第10章】

2010 年　明治大学経営学部卒業
2021 年　明治大学大学院経営学研究科博士後期課程単位取得退学
現　　在　豊橋創造大学経営学部講師　修士（経営学）

グラフィック経営学ライブラリ—11
グラフィック **グローバル・ビジネス**

2020 年 7 月 10 日 ©　　　　　　　　　初 版 発 行
2021 年 10 月 10 日　　　　　　　　　初版第 2 刷発行

編著者　井上真里　　　　　発行者　森平敏孝
　　　　　　　　　　　　　印刷者　小宮山恒敏

【発行】　　　株式会社　**新世社**
　〒151-0051　東京都渋谷区千駄ヶ谷1丁目3番25号
　編集☎(03)5474-8818(代)　　サイエンスビル

【発売】　　　株式会社　**サイエンス社**
　〒151-0051　東京都渋谷区千駄ヶ谷1丁目3番25号
　営業☎(03)5474-8500(代)　　振替　00170-7-2387
　FAX☎(03)5474-8900

印刷・製本　小宮山印刷工業(株)
《検印省略》

ISBN978-4-88384-314-5
PRINTED IN JAPAN

サイエンス社・新世社のホームページのご案内
https://www.saiensu.co.jp
ご意見・ご要望は
shin@saiensu.co.jp　まで.